「創造性」を創り出す!

ひらめかない人のためのイノベーションの技法

篠原信
Makoto Shinohara

実務教育出版

はじめに

結婚式のとき、私は新婦側の親族・友人たちを唖然《あぜん》とさせてしまった。学生時代の恩師が、最初の挨拶で「篠原君は、よく言えば正義感が強い。悪く言えばガンコ」と言ったのを皮切りに、「あ、悪口言ってもいいんだ」と思われたのか、新郎側の挨拶はことごとく、私の高校時代や大学時代の融通が利かない不器用なエピソード、猪突猛進《ちょとつもうしん》ぶりをまくしたてた（正確に言えば数ある恩師の一人だけがほめてくれた）。そのためか、新婦側の席からは「ザワザワ……」と、どよめきが聞こえてきた。

結婚式からしばらくして、嫁さんの友人が披露宴の写真集をメッセージ付きで送ってきた。それには新郎をこきおろす挨拶が次々に続くことへの驚きと、「ダンナさんのあだ名はイノシシ君に決定！」というメッセージが添えられていた。

不器用と言えば、今でも印象に残っている思い出がある。小学校4年生くらいの頃だったろうか、私が彫刻刀で版画を削っていると、弟が「自分にも同じ板を買って」と母親にねだった。彫刻刀で削ってできたのは、木のスプーン。私は驚いた。それまで、スプーンと言えば金属製しか見たことがなかった。それは弟も同じはず。なのに、木からスプーンを削り出せると思いつくなんて！

私ももう一枚、板を買ってくれとねだると、母に「あんたはマネしたいだけやろ」と一蹴された。ええ、その通り。もっと上手にスプーンを作ってやろうと思っただけです、はい。弟と比べて、自分には創造性がないことを思い知った出来事だった。

弟の美術や図工の成績は、常に5段階評価の5。もう一人の弟も4か5。私は3。可もなく不可もない、ありきたりのものしかできない。弟には「ひらめき」があるが、私はモノマネしかできなかった。弟たちのほうが勉強もスポーツもできるし、長男として、まったくもって肩身が狭かった。

大学受験も、ひたすら大量に過去問に取り組み、解答を丸暗記するという、どう考えても力技としか言えない不器用さで乗り越えた。研究室に所属し、研究を始めてもなお、先生のご指導の通り実験しているだけで、我ながら創造力がなかった。博士号を取得してもなお、独創性のカケラも見えない自分に、すっかり嫌気が差していた。

なんとか独創性を発揮できるようになりたい！——私みたいな不器用者でも、どうにか創造的な仕事をする方法はないものか。それを必死に探し求め、ああではないか、こうではないか、と気づいたことを言語化する作業を続けてきた。

そんなこんなで20年の歳月が流れ（けっこう長い……）、試行錯誤を繰り返した結果、少しは新しいことができる自信がついてきた。幸運にも恵まれて、世界中の研究者が取り組んでうまくいかなかった技術を開発することもできた。お世辞も含めてと承知の上だが、今では「独創性がある」とほめられることも増えた（以前はお世辞ですら言われなかった）。ただ、私の内面は今も変わらず不器用な人間のままだ。

「独創的な仕事をしろ！ 創造的な仕事をやれ！」と命じられても、どうしたらよいか分からない。そんな私と同じように苦しんでいる人は、世の中に多いのではないか。ましてや、「イノベーション」とやらを求められる時代。さらには、人工知能（ＡＩ）が人間から多くの仕事を奪い、残されるのは創造的な仕事くらいだ、なんて脅される時代だ。どうしたらよいか分からないのに創造性を身につけよ、と求められる。なんともひどい話だ。

そりゃ、もともとクリエイティブな発想の持ち主はいいですよ。でも、不器用者はいったいどうして生きていけばいいんですか？　二人の子どもを抱える私としても、重大な問題だ。次の世代に、どんなバトンを渡せばよいというのか？

生まれつき、創造的なことがパッとできる人の脳みそがどうなっているのか、それはいまだに私には分からないし、分からなくてよいと思う。私は不器用者でセンスがないのだから、同じにはなれない。

ただ、センスがなくても、コツさえつかめば、才能豊かな人と似た結果を出すことは可能だ。たとえば人間はいまだに、鳥そっくりに〝羽ばたいて〟空を飛ぶ飛行体を作ることは難しい。けれど、ドローンや飛行機のように、プロペラやジェットエンジンという比較的作りやすい形を選ぶことで、空飛ぶモノを作ることはできる。鳥そっくりに作る必要はないわけだ。

アラフィフと呼ばれるトシになって思うのは、創造的な仕事を天才だけの特権であるかのように語られることが多いのは、少々癪《しゃく》だということ。**天才が一気にゴールに跳躍できるところ、不器用者は橋をかけなければならないかもしれない。けれど結局は、ゴールできればいいのだ。やり方、道のりは人それぞれで構わない。**

イノベーション論や独創的な仕事をするための学問が、すでに存在するらしいから、学術的なことは、そちらに任せたい。本書は、自分の不器用さを罵《ののし》っていた20代の自分が知りたかったことを、書き留めたものだ。**不器用、発想が乏しいと言われても、絶望する必要はない。そんな人間でも創造的な仕事をする「方法」がある。**自分の創造性のなさに苦しみ、悲観的になっている人に、どうにか言葉を届けたい。

もちろん、本書を読めばただちに創造的な人間になれるわけではない。自動車の運転教習に似ている。他人の運転は見ていて簡単そうに思えるが、いざ自分で運転してみると、ギアチェンジやブレーキ、アクセルの順番を間違えるのと同じだ。技術が体に染み込むまで、繰り返し運転して身につけるしかない。

漢字は読めても書けないことが多いように、インプットとアウトプットは違うものだ。私も出会ったことのない環境の中で、みなさんがそれぞれで立ち向かっていただくしかない。本書は、ガイドの役割を果たすだけだ。〝ひらめかない人のためのイノベーション〟という、一見、言語矛盾と思われることを目指してみたい。

「イノベーションがなんたるかも分かっていないど素人が、えらそうに本を書くのか！」と評されることも覚悟の上、イノシシ君が「ひらめかない人のためのイノベーション」のために、ありったけの方法・手段を言語化してみた。学問的には粗雑もいいところだろうが、本書は、私と同じセンスのない人が読んで試したくなるだろうことを念頭に置いた。一つでも「これなら自分にもできるかも！」と思ってもらえ、それを実践してくれる人がいるなら、これほど嬉しいことはない。

天才だけの独占物だった「創造性」を、ひらめかなくても実現可能なものへと「陳腐化」するのが本書の狙いでもある。猪突猛進、イノシシ君による提案を活かすも殺すも、あなた次第だ。

CHAPTER 1

「価値基準」によるイノベーション

CHAPTER 5

「マネジメント」によるイノベーション

装丁イラスト：植田たてり
装丁デザイン：西垂水敦・市川さつき（krran）
本文イラスト：吉村堂（アスラン編集スタジオ）
本文デザイン・DTP：伊延あづさ・佐藤純（アスラン編集スタジオ）

CHAPTER 1

「価値基準」によるイノベーション

「新しいアイディアを考えろ！」と上司から指示されても、いったいどこから手をつけたらよいのか途方にくれる人は多いはず。試しに、何のヒントもなしで「新しい発想を」と言い渡しても、大したアイディアは出てこないだろう。せいぜいネットで調べて、最近流行し始めたもののマネが関の山。

まずは私たちがどんな固定観念（価値観）を持っているか、そして固定観念を持っているからこその独創性の生み出し方を考えてみよう。

TIPS 01

「暗黙の価値基準」を脇に置く

曲がりくねった木をまっすぐ見る方法

筆者は若い頃、西洋の哲学や思想ばかりを読んでいて、辟易《へきえき》したことがある。自分の体形にちっともマッチしない洋服を着ているような違和感。そんなとき、中国の老荘思想の本を読んだら、矛盾だらけのムチャクチャな話なのに、体質に合う薬湯を飲んだときのように「ああ、ほしかったのはこれだったんだ」という感覚になった。特にストンと胸に落ちたのは、老荘思想の大家である福永光司氏が、子ども時代に経験した次のエピソードだ。

福永少年はある日、母親から「あの曲がりくねった木をまっすぐ見るにはどうしたらいい？」と問いかけられた。製材化すればまっすぐになる、なんて答えを求める母ではない。どの角度から眺めても、その木は曲がりに曲がりくねっている。どうにもまっすぐには見えない。福永少年は降参した。

すると母親の答えは、「そのまま眺めればいい」というもの。意味不明に思える回答だが、これを読んだ私はなんだか感動してしまった。福永氏の母が伝えたかったことは、次のような意味だったのではないか、と解釈している。

私たちは、「まっすぐ」という言葉を耳にしたとたん、「まっすぐ」という物差し（価値規準）を頭に思い浮かべてしまう。すると、その物差しに当てはまらないものは、すべて「曲がっている」ようにしか見えなくなる。福永少年にとっても、曲がった木にしか見えなかったことだろう。

しかし、その価値基準を横に置き、目の前の木を虚心坦懐《きょしんたんかい》に眺めたとしたら。あ、いいにおいがする。ゴツゴツとした木肌がカッコいいな。ひび割れからにじみ出た樹液を虫たちが吸いに来ている。風で葉が揺れる音がする。木漏れ日が気持ちいい。あそこの枝が曲がっているのは、大雪のときにでも折れたのだろうか。風雪に耐えてきた、なんて立派な根が張っているんだろう——そうした膨大な情報が、五感に飛び込んでくる。

「まっすぐ」という価値基準を心に抱くと、「曲がっている」という情報しか目に入らなくなるのに、**価値基準を脇に置き、心をあけっぴろげにして五感で観察すると、膨大な情報が得られる。**つまり福永少年の母親は、「まっすぐ見る」とは「素直に眺める」ということだ、と伝えたかったのではないか。

競争が発想の転換を邪魔する

これと似たような話がある。ＴＥＤカンファレンスに登壇したダニエル・ピンク氏のプレゼン「やる気に関する驚きの科学」で紹介されていたエピソードだ。ロウソクと画鋲《がびょう》、マッ

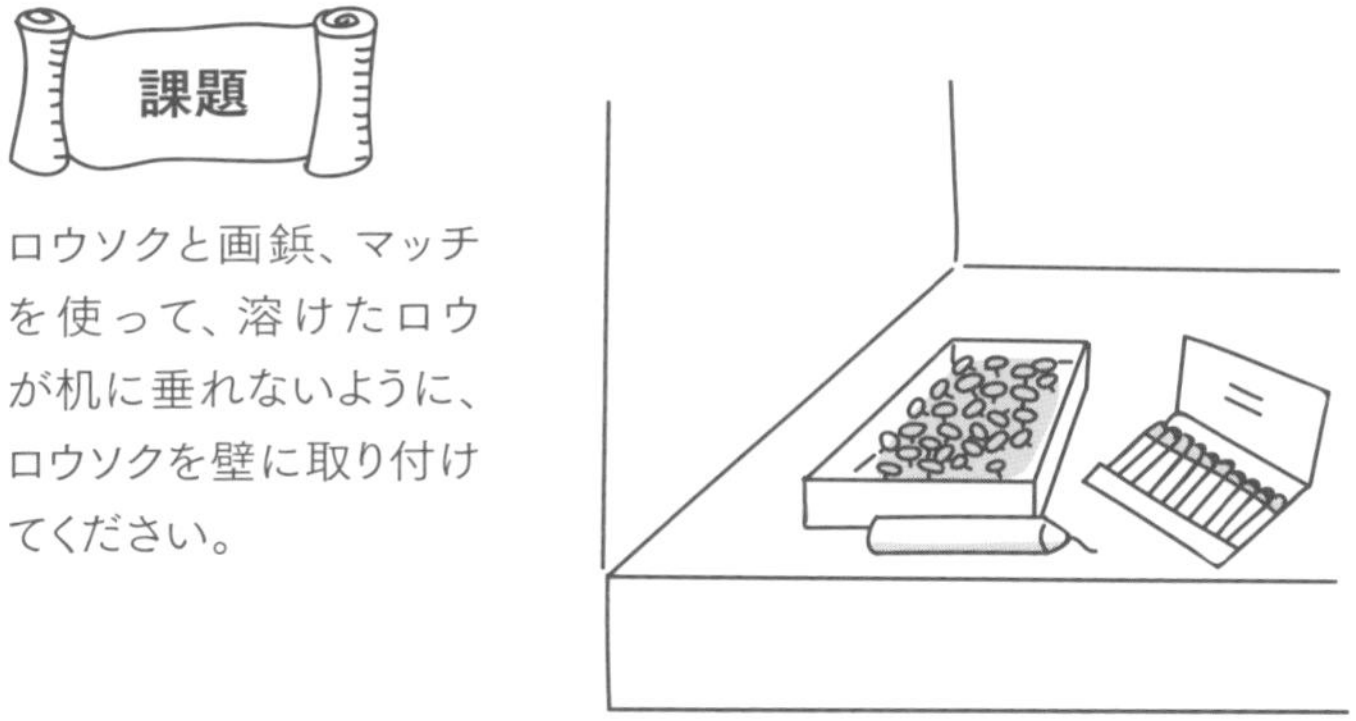
課題
ロウソクと画鋲、マッチを使って、溶けたロウが机に垂れないように、ロウソクを壁に取り付けてください。

チを渡され、「溶けたロウが机に垂れないように、ロウソクを壁に取り付けてください」という課題を与えられたらどうするか、という問題(上図参照)。

このテストでは、正解を一番早く出した人は賞金をゲットできると言われたグループと、特に賞金も何もなしに課題を出されたグループとで、正解にたどり着く時間を調べた（サム・グラックスバーグによる実験）。前者のグループは、報酬を約束されることで競争を促されたわけで、競争原理から言えば、このグループの人たちのほうが、早く正解にたどり着けるはずだ。

この課題を解くためには、画鋲の入った「箱」に気がつくかどうかがカギになる（次ページ上図

解答例

箱を画鋲で壁に留め、その上にロウソクを立てる。

参照)。箱を画鋲で壁に留め、その上にロウソクを立てればいい。しかし、「ロウソクを壁に取り付ける」という言葉や、ロウソク、画鋲、マッチの三つしか紹介されなかったことに囚《とら》われると、そうした発想の転換がしづらい。

興味深いことに、競争原理が働くグループのほうが、正解にたどり着くのに時間がかかった。競争せず、思い思いに問題に取り組んだ人たちのほうが「箱を使う」ことに早く気がついた。発想の転換が容易になったのだ。**競争原理を設定されると、発想の転換は難しくなる**らしい。早く正解を見つけて報酬を得たいという焦りが、発想を転換するという「賭け」に出ることを難しくするのかもしれない。

数多くの手術をこなすコツは手術室を減らすこと？

発想の転換が功を奏した実例を紹介しよう。ミズーリ州の救急病院は数多くの手術が行われ、手術室はいつもいっぱいだった。予定通りに進まず、連日深夜まで手術が終わらないなど、医師もスタッフもすっかり疲れ切っていた。そこで、「予定通り手術を行えるようにするために、手術室をあと何室増やせばよいのか、コストはいくらになるか」、経営コンサルタントに調査を依頼した。

ところが、経営コンサルタントの答えは、超意外にも「手術室を常に一つ空けておけ」というもの。手術室が足りなくて困っているのに！この無茶な提案に、多くの現場スタッフが反対したが、とりあえず勧められた通りにやってみることになった。すると、手術が夜中までずれこむことがなくなり、医師もスタッフも負担が軽くなった。それどころか、1日にこなせる手術数はさらに増えた。いったい、どんなマジックが起きたのだろう？

じつは、経営コンサルタントは「空けた手術室は救急患者専用とし、入院患者には使用しないように」とアドバイスしたのだった。それまでこの病院では、すべての手術室を常時使用していたため、重篤《じゅうとく》な救急患者が運び込まれると、予定していた手術をあと回しにしていた。それまでの準備はムダになるし、新たに手術道具を用意し直さなきゃいけない。スケジュールを組み直したり、医師を交代させたり、患者の状態を確認し直したり、その業務量は膨大。これが、手術を予定以上に遅らせる原因となっていた。

しかし、救急患者用の手術室を一つ空けておくことで、入院患者の手術は予定通り行えるようになった。これで大幅にムダがなくなり、救急患者にも速やかに対応できるようになった。

経営コンサルタントは、当初の「手術室を増やす」という提案に囚われることなく、病院の様子を虚心坦懐に観察したのだろう。すると、入院患者の手術予定を変更して救急患者を優先し、大慌てで準備をやり直している様子を観察できた。「そもそも、入院患者の手術を予定通りに進められないことのほうが課題として大きいのではないか?」と、問いを再設定したのだろう。その結果、救急患者用に手術室を空けておく、という解決策を思い浮かべることができたのだと思われる。

私たちは「問い」を発せられると、問いの裏に暗黙のうちに当然視されている「価値基準」を受け入れてしまうことが多い。 福永少年の事例、ロウソクの事例、ミズーリ州の病院の事例のいずれも、発せられた問いが無意識のうちに、一つの価値基準を当然視している。だから、独創的な解決策を求めるとき、問いの背後にある「価値規準」を問い直すほうがよい場合がある。**焦って解決策を早く見つけようとせず、課題をよく観察することで「そもそも」を問い直してみる。** すると、独創的なひらめきが湧きやすくなる。自分が暗黙のうちに受け入れてしまっている価値規準を、問い直してみよう。

POINT

早く解決しようと焦らずに、解決をいったん忘れて、よく観察してみよう。すると目に耳に五感に情報が飛び込み始め、「問い」の背後にある「思考の枠組み」の存在に気づく。それからズレた別の「思考の枠組み」を設定し直してみると、まったく別の独創的な解決策が見えてくる。

TIPS 02

「信念」を更新する

成功体験が「変わること」を邪魔する

「あの人には信念がある」「俺は俺の信念を貫く」など、「信念」はしばしば前向きな言葉として使われる。どんな反対に出会っても、信念を貫くのはカッコいいイメージがある。ところが、スペインの哲学者ホセ・オルテガ・イ・ガセットは、信念を「思い込み」だと指摘した。著書『大衆の反逆』でも、「信念とは、こうだと信じて疑わない思い込みのこと」だとしている。

そう言われてみれば、世の中には結構な困ったちゃんが多い。「これは俺の信念だ」と言って、ちっとも他人の話に耳を傾けず、みんなに迷惑をかける人も、思い浮かぶのは一人や二人ではない（私も誰かから、その部類に分類されているような気もするが……）。

信念とは、
こうだと信じて疑わない
思い込みのこと
ホセ・オルテガ・イ・ガセット

信念は、理由なくして生まれるものではない。その人なりの成功体験や、その信念を持つことで評価された経験から生まれることが多い。だから、「もう一度」と考えてしまうのだろう。

ハーバード大学の教科書として使われている、『イノベーションのジレンマ』（クレイトン・クリステンセン著）という本がある。これによると、成功体験がイノベーションを邪魔することがよくある、という。

たとえば筆者が10代の頃までは、大型コンピューターやスーパーコンピューターなどがもてはやされていた。電電公社（現在のＮＴ

T）や国鉄（現在のＪＲ）などの大企業は大型コンピューターを備え、憧れの的だった。

他方、当初マイコンと呼ばれ、その後パソコンと呼ばれるようになった小型コンピューターは、専門家からはバカにされていた。処理速度も遅く、記憶容量も小さい。とにかく性能すべてにおいて、大型コンピューターより劣っていた。筆者の親戚もそう考えて、大型コンピューターのオペレーションを学べる専門学校に進んだほどだ。

ところが、軍配はパソコンに上がった。大型コンピューターはどんどん売れなくなり、やがてパソコン全盛時代になった。すべてにおいて性能は大型コンピューターに負けていたのに、どうしてパソコンは市場を席巻《せっけん》できたのだろうか。

それは、「評価軸」が変わったからだ。コンピューターとしての性能、たとえば速度や記憶容量など性能を重視する「評価軸」では、圧倒的に大型コンピューターのほうが強い。しかし、マイコンやパソコンと呼ばれる小型コンピューターは、別の「評価軸」を持ち込んだ。「安くて素人でもいじれる」という評価軸だ。

評価軸とともに変わるコンピューターの売れ筋

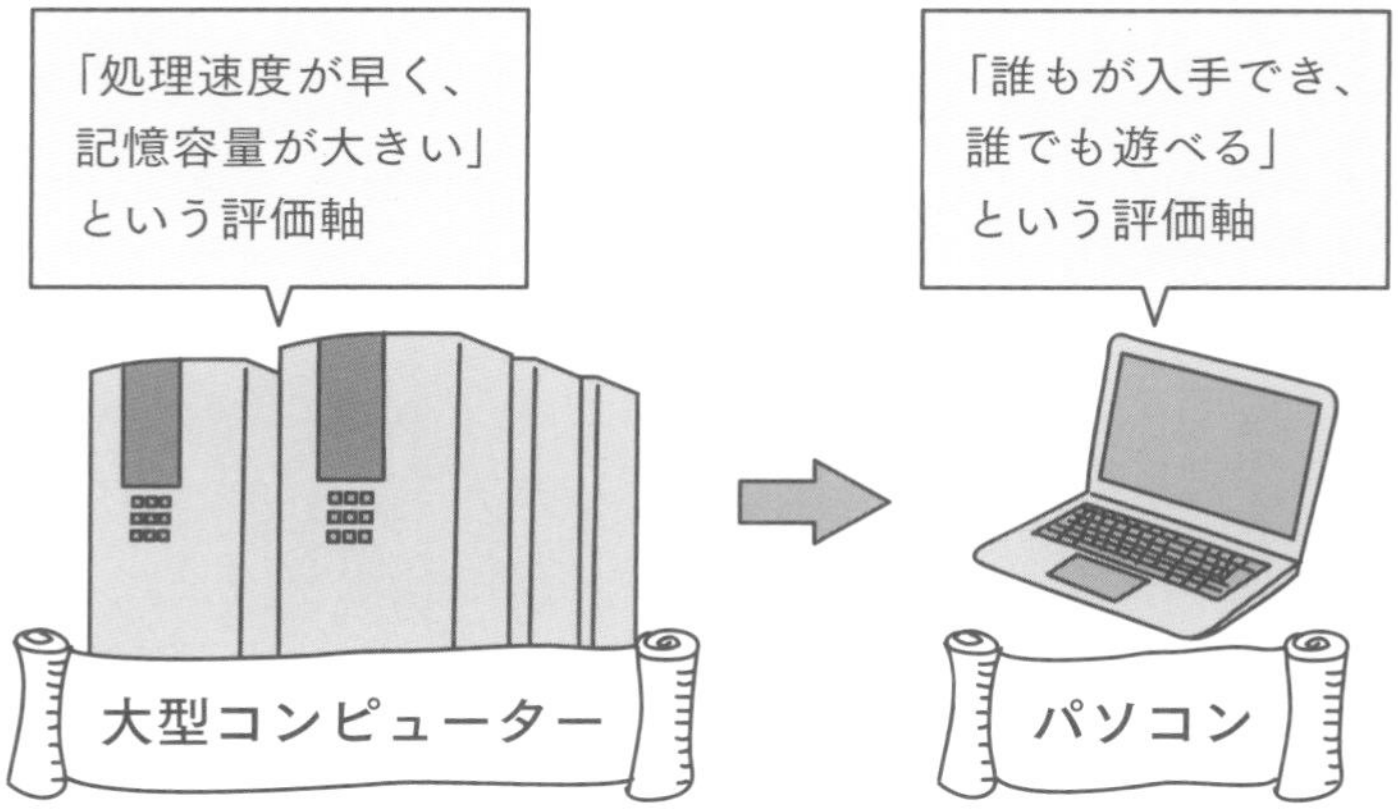

大型コンピューターは、最低でも1000万円ほどする大変高価なもので、専門的に勉強した人しか操作することが許されなかった。一方で、マイコンやパソコンは数万円で買うことができ、自分でプログラムを書いて遊ぶことができた。コンピューターとしての機能は弱くても、素人が遊んでいじれるという別の評価軸で、高い評価を受けていた。

そうなるとパソコンのほうが、扱う人間の数が絶対的に多くなる。たとえ能力が低くても工夫する人が圧倒的に増える。それに伴い、ソフトも増えて使い勝手が改善され、パソコン購入希望者をさらに増やす。すると、需要が大きいからメーカーも投資し、さらに改良したものを販売する。

こうした好循環が生まれて、パソコンは次々と新製品が開発された。ついには、パソコンはスーパーコンピューターの定義を超えた能力を示すようになった。「誰もが入手でき、誰でも遊べる」という別の評価軸に移ったことで、大型コンピューター全盛の時代は終わり、パソコンの時代に変わった（これと同様のことが、パソコンとスマホの間にも起きたわけだけども）。

成功体験が「評価軸」を固定化し、「変わる」ことを阻害する事例は、枚挙《まいきょ》に暇《いとま》がない。比較的最近の事例として指摘できるのは、シャープの液晶テレビだろう。シャープは「世界の亀山モデル」として売り出していた頃、液晶テレビの大型化・高画質化に力を入れていた。もちろん、その方針はある時期まで大成功を収めていた。しかし、その成功体験こそが大型化・高画質化以外のイノベーション（創造的破壊）を阻害し、別の道を探ることを難しくしてしまった可能性がある。

変わりゆく評価軸に気づいているか？

ここで、「カッコいい」という評価軸を考えてみよう。バブル以前、ミンクの毛皮のコートと言えばカッコいい金持ちの象徴だった。着ているだけでセレブ感が出るものだから、みんなこぞって買い求めた。ところが、ミンクというかわいい小動物が絶滅の危機だと話題になると、ミンクのコートを着る人はいなくなってしまった。「カッコいい金持ち」から「かわいい動物を絶滅させる残酷な人」に、評価軸が変わってしまったからだ。

筆者は、大学生への研究指導を10年以上行っている。最近の若者はクルマをほしがらないという話を聞いていたので、ある学生に「スーパーカーって知っている？」と尋ねてみた。すると、「太陽電池で動くクルマのことですか？」と言われて、ひっくり返りそうになった。

私が子どもの頃、スーパーカーと言えば、大排気量を誇るエンジンを搭載し、大量のガソリンを燃やして高速で走るクルマのことだった。しかし、若い人にとって〝スーパーでカッコいい〞のは、石油のような化石燃料に頼らず、二酸化炭素も排出せず、太陽のエネルギーだけで走るクルマのほうのようだ。

「評価軸」が変わってしまうと、当然ながら売れ筋も変わってしまう。古い世代が「これこそカッコいい!」と信じていた評価軸が、若い人からは滑稽に見え、まったく別の評価軸に置き換わっていることがある。

筆者の研究分野である農業でも、「評価軸の変化」がヒタヒタと起きている予感がある。トマトはある人気品種が登場して以降、ひたすら甘さを追及してきた。筆者が学生に特に甘いトマトを食べさせ、「どうだ、うまいだろう」と訊《き》くと、意外な答えが返ってきた。

「おいしいですけど、私は要らないです」

その理由は、「女子はキレイに食べたいので、大きなトマトは切って、他の野菜と混ぜてサラダにすることが多いんです。その場合、トマトの味が強いと、ドレッシングとケンカするので、大型トマトは味がしないほうがいいですね。ただ、ミニトマトは一口で食べ

若い女性の評価軸とともに変わるトマトの売れ筋

られるので、こちらは甘いほうがいいですね」ということらしい。

若い人の評価軸が素材のうまさではなく、「キレイに食べられるかどうか」に移行しているとなると、売れ筋も変わってくる。今まで「甘いトマト」が**どれだけ成功を収めてきたとしても、世代が変わり、好まれる評価軸が変わると売れ筋も変わる。**

このように、何か商品を開発する際は「まったく別の評価軸が誕生していないか」という視点を持てると、独創的で新たな商品を生み出せるかもしれない。

POINT

成功体験があると、「信念」という名の思い込みに囚われやすい。しかし、成功したときと「評価軸」が変わってしまう恐れがある。消費者が、新しい「評価軸」に乗り換えている可能性を常に意識しよう。

TIPS 03

価値体系を転換してしまう

「説明書不要」がもたらした新しい世界

スマホの定義は難しいけれど、誰もが認めるスマホの成功と言えば、iPhoneが最初だろう。このときのイノベーションは、「パソコンが小さくなって持ち運べるようになりました」程度ではなかった。ものづくりの発想を革命的に変えた出来事だったと思う。それは「説明書が要らない」という、これまでにない価値体系ではないか、と筆者は考えている。

スマホが登場する前の家電は、ご飯を炊くだけの電子ジャーだってパソコンだって、やたら分厚い説明書がついてくるのが常だった。もう、全然読む気がしなくなるくらい（実際、私は困ったことが起きない限り、読みたくない）。

しかし、アップルのスティーブ・ジョブズ氏がiPhoneを提案してからというもの、スマホは説明書がついていないのが当たり前となった（アンドロイドOSのスマホも含めて）。直観的にいじっていたら、だいたい操作が分かるように設計されている。

それまでの「作り手として、どれだけ新機能を付加できるか」という価値体系から、「消費者にとって、どれだけストレスなく使えるか」という価値体系に入れ変わったのだ。ジョブズ氏はおそらく、スマホを開発する際、「説明書なんか読まなくても操作できる」という価値体系を明確に意識していたように思う。

「小型で持ち運べるコンピューター」という意味で言うなら、スマホ登場以前に、ネットに気軽に接続できる電話があった。iモードだ。NTTドコモが提供した携帯電話（ガラケー）は、世界に先駆けてネット接続を楽しめる超小型端末として、爆発的人気を誇った。だから、多くの日本メーカーはiモードとiPhoneの違いがよくわからず、どれほどの成功を収めるのか、不審に思っていたようだ。

価値体系の転換

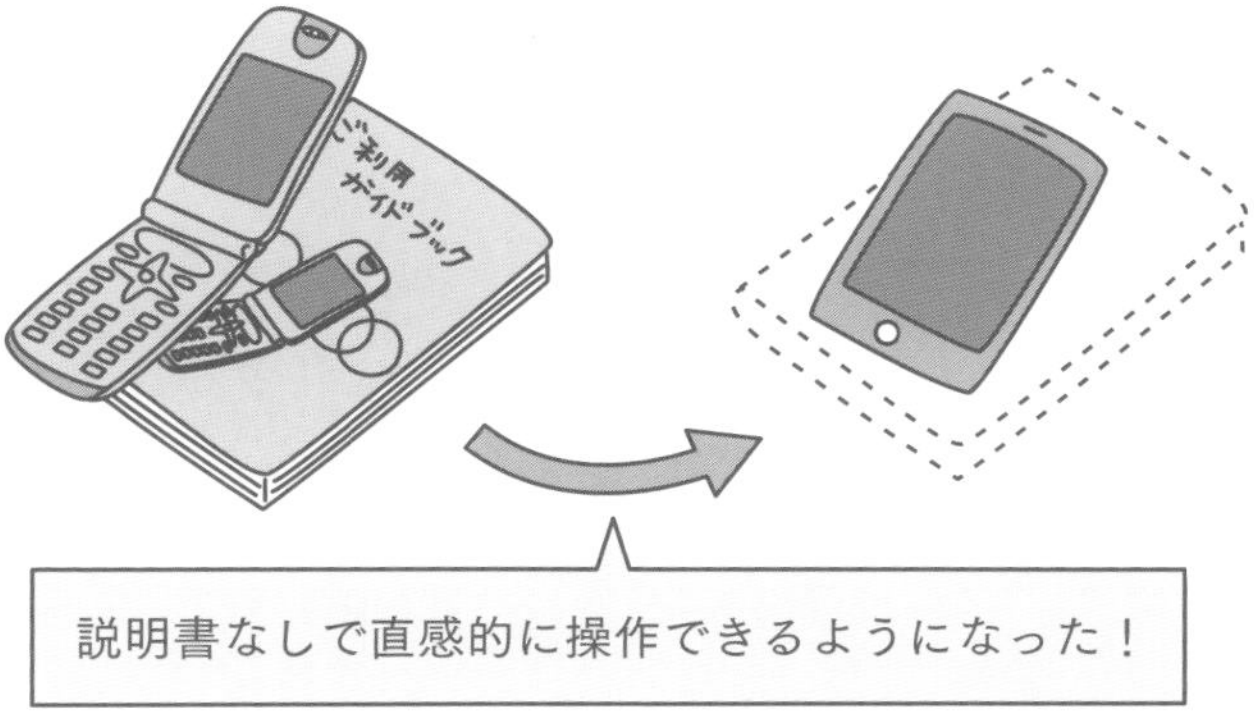

しかし、ｉモードとスマホには決定的な違いがあった。前者には分厚い説明書が必要だったが、後者には説明書が不要だということだ。実際、ｉモードのガラケーは、説明書なしには操作方法がよく分からない場面が多かった。だが、スマホは説明書がなくても直感的に操作でき、困ることは少ない。設計思想がまったく異っている。

ジョブズ氏は、説明書を読まなくても済む操作方法を徹底的に考え抜いたのだろう。それがタップやスワイプという指の操作方法であり、それを可能にする部品と技術がタッチパネルであり、それを製造できるメーカーを探すことだったのではないか。

まずは「説明書の要らない機械」という価値体系を明確に心に抱き、その価値体系を体現できるものづくりを追及した、というのがジョブズ氏の思考の順序だったと推測する。

それまでは、どんなものづくりも「作り手論理」で押し通されてきた。作り手が作りたい（あるいは作りやすい）ものを作り、使い方が分からないなら分厚い説明書をつけて、使い手側に労力を強いても平気だった。その代わり、消費者によい買い物をした気分になってもらおうと、新機能をたくさん付加した。

けれど、その新機能を消費者が求めていたかどうかは疑わしい。むしろ、作り手が技術自慢をしたいがために付けられた新機能と言えるかもしれない。ジョブズ氏は、そうした「作り手論理」の傲慢さが気に入らなかったのだろう。どこまでも使用する側の立場に立ち、「使い手論理」でものづくりをし、作り手側から使い手へと極限まで歩み寄る。これまでのものづくりとは、相当に違う発想だ。

今後、どんな商品も使い手に頑張らせるのではなく、作り手側が歩み寄り、説明書を読まなくても使い方が直感的に理解できるものづくりが常識になっていくはずだ。そうした商品なら、スマホ以外でも〝スマート〟と名乗る価値があるだろう。価値体系をごっそり変えたジョブズ氏は、確かに天才と呼ばれてふさわしい人物かもしれない。

古い「価値体系」にしがみつかない

「価値体系の大転換」事例として今後注目したいのは、「マイクロプラスチック」の問題だ。マイクロプラスチックとは、レジ袋やペットボトルなどが海洋で粉々に砕け、顕微鏡でなければ見えないほど小さな粒になったプラスチック粒子のことだ。これを海洋生物が口にするため、大きな環境破壊の原因になりかねないとして、急速に問題視されている。

このマイクロプラスチック問題で先行しているヨーロッパは、他にも二酸化炭素の排出権取引を始めたり、石油を原料とする化学薬品の使用を厳しく制限したり、石油文明に真っ向から対決する問題提起をしている。おそらくヨーロッパは、石油をはじめとする化石エネルギーへの訣別《けつべつ》をはっきり意識し、そのためのあらゆる手段を講じようとしている。

石油依存の「価値体系」をシフトしようとしているヨーロッパ

これは単に、地球環境の問題だけにとどまらない。石油に依存している現在の経済ゲームのルールを、根底からチェンジしようとしているのだろう。石油依存の技術を根底から問い直し、代替となる技術体系をいち早く開発しようとしている。石油依存の「価値体系」から、別の「価値体系」へのシフトを急いでいる。

石油を原料とするプラスチックは、便利この上ない。食品パッケージから、パソコンのキーボードまで、プラスチックが使われていない製品を見つけることが難しいくらいに、私たちの日常を支配している。その「価値体系」に真っ向から勝負を挑み、ひっくり返そうとしているのがヨーロッパだ。

石油エネルギーの資源問題や地球環境の問題を考えると、この「価値体系の大転換」は、大義名分がしっかりしているだけに、否定するのは難しい。石油依存の「価値体系」はあまりにも技術的に成熟しているので、そこから離れるのはとても耐え難いように思える。

しかし、ゲームチェンジはすでに始まっている。**古い「価値体系」に恋々としていると、その「価値体系」ごとゴミ箱に捨てられてしまう**かもしれない。「価値体系」をごっそり入れ替えるデザインを考えるあたり、ヨーロッパはさすが先進国としての長い歴史を持っている、と感心する。

POINT

「価値体系」をごっそり入れ替えるというのは、「価値基準の変更」では済まされない根底的な激震が起きる。それに魅力も説得力もある場合、ものづくりはすべて新しい「価値体系」に則ったものに変わっていく。新たな「価値体系」を提案する側に立つか、あるいはいち早くそれに反応できるかどうかが、イノベーションのカギとなる。

TIPS 04

「どうせ」を「どうせなら」に変える

ナイチンゲールの「どうせなら」発想

「どうせ」――この言葉ほど、思考を停止させるものはないかもしれない。自分の仕事や商品を見下し、なぜうまくいかないのか、なぜその試みがムダなのかを豊富な知識や体験談で証明してみせ、「どうせ……」と吐き捨てるように発言する人は多い（特に男性に）。

しかし私には、「どうせ」と思われているものこそ、イノベーションの宝庫のように思う。「どうせ」を「どうせなら」に変えるだけで、産業自体が生まれ変わった事例が数多く存在するからだ。

今や、憧れの職業の一つとして定着している看護師という仕事。じつはナイチンゲールが登場するまで、あまりカッコよくない、いやむしろ良家の子女なら手を出すべきではな

どうせ血や膿で病室も服も
汚れるからこのままでいい
どうせなら清潔な服に
着替えて看護しよう
ナイチンゲール

い職業として、見下されていたことをご存知だろうか。ナイチンゲール以前の看護師は、病人やケガ人の血や膿《うみ》、吐いたもので「どうせ」汚れるから、汚い格好のまま患者の世話をしていたのが実態だった。その見た目、不潔さが、蔑《さげす》まれる原因ともなっていた。

ところがナイチンゲールが、その価値観を逆転させた。血や膿で汚れたら、すぐに清潔な服に着替える。患者用ベッドのシーツも清潔なものに取り替え、病室を常に衛生的に保ち、患者にとって快適な環境を提供するように努めた。それまでの看護師が、「どうせ血や膿で病室も服も汚れるのだから」と諦めていたのを、「どうせなら清潔な服に着替えて看護しよう」に発想を切り替え、どこまでも衛生的なものにした。

すると興味深いことに、患者の死亡率が劇的に減少した。じつは、患者の死亡原因はケガや病気よりも、病室の不潔さによる二次感染の影響が大きかった。それをナイチンゲールの「どうせなら」が逆転させ、改善させたわけだ。

「どうせならトイレをキレイにしよう」がもたらしたこと

これと似た話がトイレにもある。ある女子大生が、卒論テーマにトイレを選んだ。その論文が画期的だったのは、「観光地のリピーターが増えるかどうかは、女子トイレの清潔さで決まる」ことを示したことにある。それまでのトイレは、汚れるのも臭いのも当然と考えられ、公衆トイレは特にひどかった。当時は観光地もトイレを改善する発想がなかった。

しかも、女性はトイレに時間がかかるもの。せっかくの楽しい家族旅行も、女子トイレ

が少なくて並ばねばならず、夫から怒鳴られる上にトイレも汚いため、「もうあそこには行きたくない」となることが多い。このことを、その女子大生は喝破《かっぱ》したわけだ。

この女子大生がトイレメーカーに就職した、というニュースが新聞に載《の》ったあたりから、全国でトイレが変わり始めた。清潔で快適なトイレが増え、「リピーターを増やすためには、まずトイレを改善することが大切だ」という認識が、全国の観光地で広がった。

「どうせ」汚れるもの、下の世話をするだけの不潔でも仕方ない場所と思われていたトイレを、「どうせなら」快適で清潔な、汚したら申し訳なく思うくらいの空間に変えてしまおうという発想が行き渡り、今や世界にこの設計思想が広がっている。

女性ならではの「どうせなら」革命

他にも女性が革命を起こした「どうせなら」がある——死に化粧だ。霊安室に置かれた遺体に化粧を施すのは、当番の看護師の仕事だった。

しかし、「どうせ」死んでいるのだからと、用意されていた化粧品は残りかすのファンデーション、折れた口紅など、捨てられる前のものばかり。ある看護師が、「これではあまりにも亡くなった方、ご遺族の方々がかわいそう」と一念発起し、死んだ人の肌に合う化粧品を研究し始めた。

その成果はやがて現れ、生前の元気な頃の顔に整復された故人を見て、遺族の方が泣いて喜ぶようになった。この技術は「エンゼルメイク」と呼ばれ、全国から研修生を集める

女性ならではの「どうせなら」革命で生まれたもの

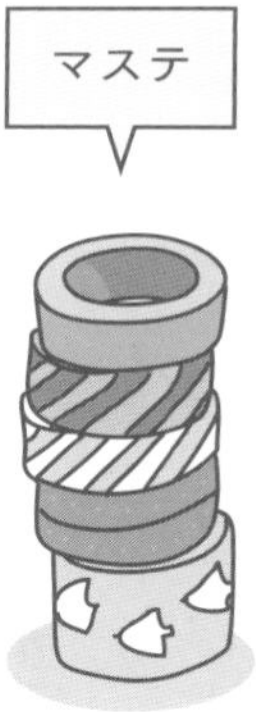

人気の技術になった。

さらにもう一つの事例、養生テープ（マスキングテープ）を紹介しよう。これは、望ましくない箇所に塗装が付着しないように貼る保護用の粘着テープで、「どうせ」はがして捨ててしまうものだ。

この養生テープに、ある雑貨屋の女性が着目した。「しっかりくっつくのに、はがすときに紙袋を破かずに済む」という特性があることに気がついた。課題は、野暮ったい色のものしか品揃えがないこと。

「もっとキレイな、かわいい色や柄のテー

プを作ってもらえないか」と、いくつかのメーカーを訪ねたところ、いったんは「何をバカな、はがして捨てるだけのテープに柄なんて」と断ったあるメーカーが、試しに作ってみた。それが今では「マステ」と呼ばれる人気商品となり、雑貨店ではなくてはならないラインナップとなった。

「どうせ」あとではがして捨てるだけのテープだけど、「どうせなら」かわいくてキレイな柄のテープにすることで、プレゼント包装や壁紙などにも応用できる商品に生まれ変わらせた画期的な事例だ。

こうした事例を2009年当時のオンラインニュースサイトで紹介したところ反響が大きく、後に農林水産省が始めた「農業女子プロジェクト」へとつながり、記事で提案した「かわいい軽トラ」「圃場《ほじょう》でも快適な女子トイレ」などの開発に結びついた。

「どうせ」汚れた荷物を載せるだけと思われていた軽トラ、「どうせ」用を足すだけだと思われていた簡易トイレを、「どうせなら」の発想で生まれ変わらせることで、女性が農業に憧れを持って取り組める環境が生まれ始めている。

まだまだ、「どうせなら」革命を起こせる商品は数多くあるはずだ。灰色と黒しかない塩ビ管をカラフルにするのもよいだろう。**「どうせ」と思われている商品を、「どうせなら」デザイン性の高い、魅せるものに変えてみてはどうだろう。**それだけで産業が生まれ変わる可能性がある。

POINT

「どうせ」と見下されている商品、サービスこそ、「どうせなら」心を込めて磨き上げると、魅力のある商品に生まれ変わる可能性がある。

TIPS
05

「高尚なもの」を引きずり下ろす

まずは関心を持ってもらう、という姿勢

嫁さんに、ＮＨＫのＥテレで面白い番組がある、と言われてチャンネルを変えてみた。すると、姫路城が女の子に擬人化され、男の子とデートするという意味不明なアニメが目に飛び込んできた。付随するメロディーと歌詞は、一度聴いたら耳にこびりつく、不思議と印象深いもの。

他にも『オフィーリア』という名画が背泳ぎの得意な女性に変わったり、『モナリザ』がお局ＯＬとして描かれたり、なんだか怒っている奥さんの不気味さを背中の『富士《ふじ》御神火《ごしんか》紋《もん》黒《くろ》綺《き》羅《ら》紗《しゃ》陣《じん》羽織《ばおり》』で象徴したり。もう、名画・名作を「これでもか」とおちょくる内容。

これまで、芸術を格調高き権威あるものとして紹介してきたＥテレが、いったいどうし

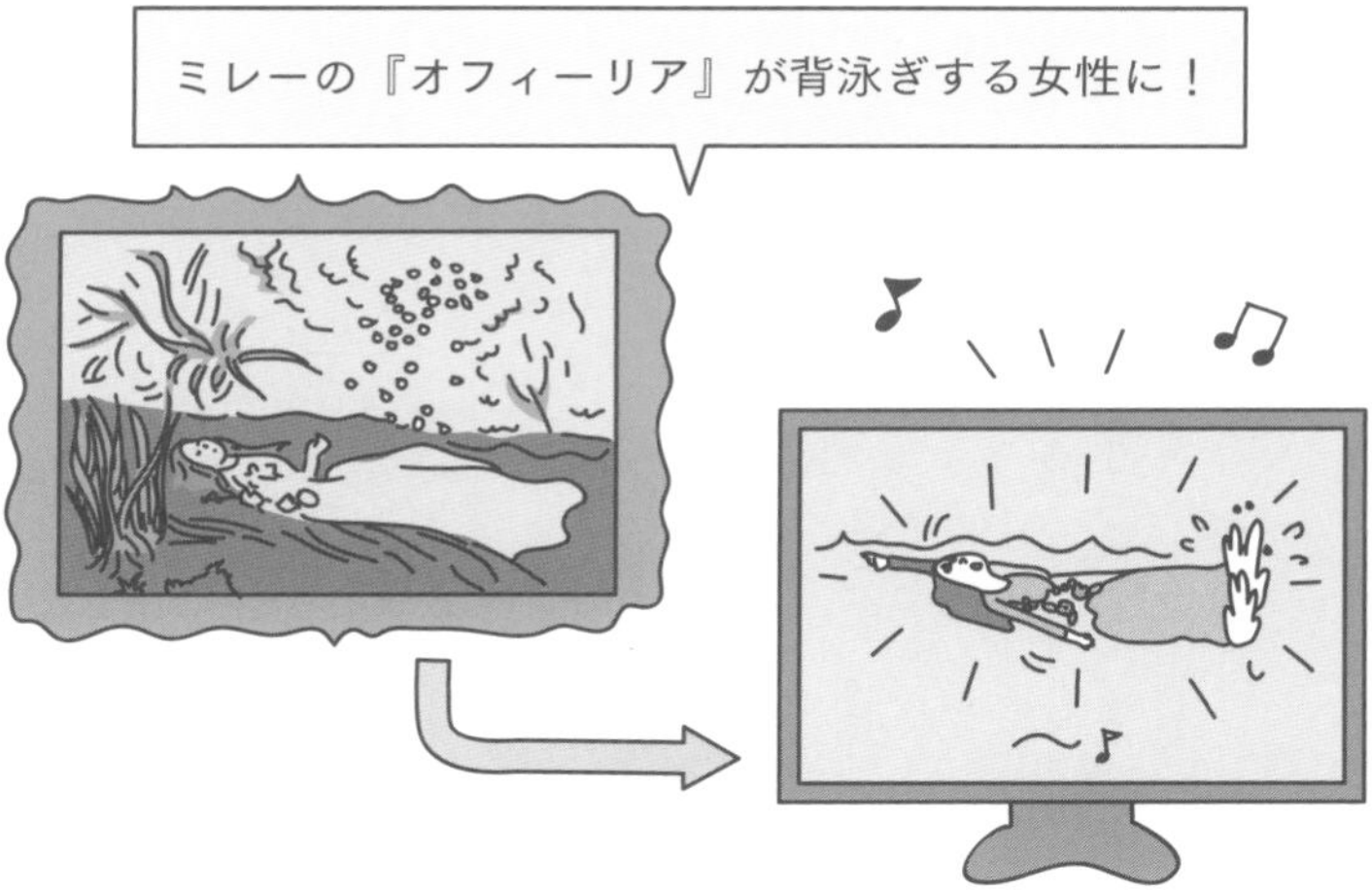

てしまったのか!? 私は大いに戸惑った。美術をおちょくりまくるこの番組（『びじゅチューン！』）に、芸術界はさぞやご立腹だろうと思いきや、むしろ歓迎の向きが強いらしい。

名古屋で『びじゅチューン！』の作者、井上涼氏が登壇するイベントがあるというので、家族総出で参加した。そうしたら、北は北海道から南は九州まで、全国からファンが集まっていた。この番組がきっかけで芸術に親しみを覚え、子どもが様々な名作に興味を持つようになった、と観客から感想が述べられていた。私は「へええ」とずいぶん感心した。

これまでのEテレでは、学問や芸術は高尚

で権威あるもの、ありがたがるものだとして扱われてきた。しかし、そのために「はいはい、どうせ私には高尚なものは分かりませんよ、興味ありませんよ」と、縁遠いものとして遠ざける遠心力が働いていたように思う。実際、その道の専門家は素人の的外れな質問を鼻で笑い、「君は分かっていないねえ」と得々と専門知識を披露することが多かった。それで嫌気をさす人がいたのも事実だろう。

最近のEテレは、様々な分野で「まずは興味・関心を持ってもらうのが先決」と考えているらしく、ともかく面白い。この『びじゅチューン!』も、「まあ肩の力を抜いて、正確な理解なんかあとでどうにでもなるから、まずは関心を持ってくれればそれでよし」という姿勢を先鋭的に示したものだと言える。そして、見事に成功している。

おちょくって焼き直すことで魅力が生まれる

「高尚なものを引きずり下ろす」ことで親しみ、関心を抱いてもらうという戦略は、なかなか面白いと思う。たとえば、「刀剣女子」というのが話題になった。どうやら、日本の

高尚なものを引きずり下ろして関心をもってもらう
お勉強
高尚なもの

名刀をイケメン男子に擬人化した『刀剣乱舞』というシミュレーションゲームがあるそうだ。それをきっかけに本物の刀剣に興味を持ち、展覧会などに若い女性がたくさん訪れるようになったという。

他にも「高尚なものを引きずり下ろす」ことで成功した事例として、『うんこドリル』も挙げられる。お勉強はマジメに取り組むべきもので、笑いなど不要、という発想が結構根強い。しかし「うんこ」という子どもが妙に好きな下ネタが、勉強という嫌われがちな作業にうまく橋渡ししてくれることを示して大ヒットとなった。親は「うんこなんて嫌だけど、それで勉強するなら」と思い、子どもはケラケラ笑いながらドリルを進めるという、これまでにない学習スタイルを提案した。

25年ほど前、『紳助のサルでもわかるニュース』という番組が、(今では珍しくないが)お茶の間の話題にはふさわしくないと思われていた政治を、お笑いで取り上げることにより、ずっと身近なものにする効果をもたらした。『生活笑百科』『行列のできる法律相談所』も難しい法律の問題を笑いで包むことで、身近な話題に変えた。

これらの事例は、**「高尚なもの」としてありがたがってきたものを、おちょくるくらいの気持ちで焼き直すと、今までになかった魅力を生み、業界を活性化する可能性がある**ことを示している。「高尚なものを引きずり下ろす」のは、新たなイノベーションを起こす手法として一考の価値がある。

POINT

高尚とされるものは敬遠されて、かえって魅力を失いがち。いっそもっと身近な存在に引きずり下ろし、親しめるものに変えると、商品やサービスとして生まれ変わる。

TIPS 06

あえて「できない」を導入する

障害者雇用が業務改善のヒントに

その農家さんは、地域で最初に水耕栽培を導入した生産者で、技術の高さを誇りにしていた。ある日、障害者の方が通う特別支援学校の先生が、苗を植える様子を見学に来た。細長い溝に、ネギの苗を植える作業だ。

「これ、うちの生徒でもできそうだね」とつぶやいたのを、農家さんは聞き逃さなかった。そのとき、「農業をなめるな！」と思ったという。その作業は単純そうに見えるが、じつはかなりの熟練を要し、いい加減にやると苗は全部枯れてしまう。「そんな簡単なものだと思わないでくれ！」と腹が立ったそうだ。

後日、その学校の先生たちが「ちょっと試させてほしい」と、下敷きを持って現れた。

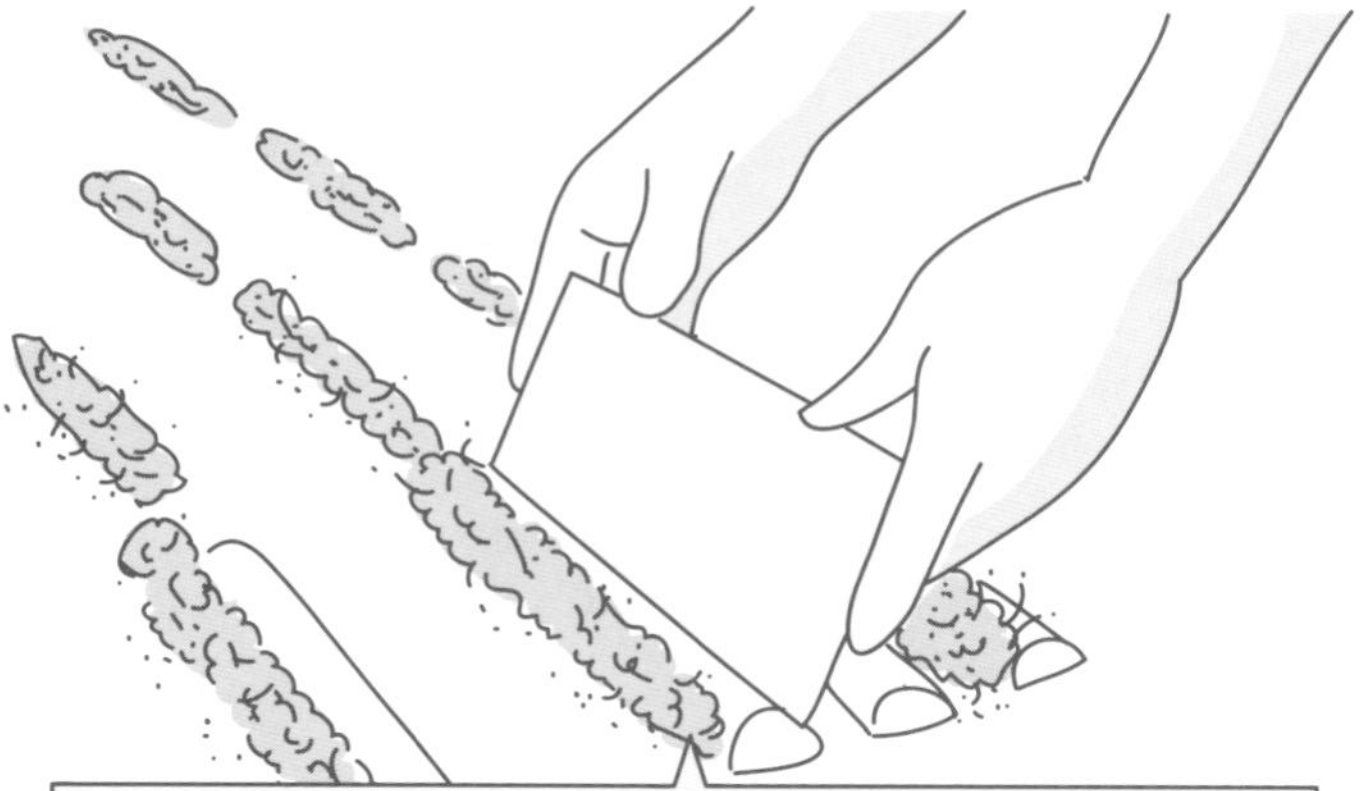

下敷きを使うことで誰でも均一な作業が可能となった

苗の根元に下敷きを当て、グッと押し込むと一気に、しかもキレイに溝に収まった。農家さんは驚いた。指では熟練が必要な作業が、下敷きを使うとこんなに簡単で、しかもキレイにできるなんて！　障害者だけでなく健常者もその方法を使ったほうがキレイですばやくできるようになるなんて！　目からウロコが落ちる思いだったそうだ。

それからは、毎年障害者の若者を一人ずつ雇うようになり、現在では25名も働いている。それぞれの障害の度合い、あり方にあわせて、できる仕事を探してみるようになった。あるとき、障害を持つスタッフに、チンゲンサイの栽培を任せようとした。しかし、植えた苗が傾いたり深さがまちまちだったりして、苗がうまく育たない。そのスタッフでも、確実に苗を植えることができる方法はないか。

そこで、苗を植える定植パネルに円錐状の穴を開け、穴に落としさえすれば、苗が自然と適切な深さにすっぽり収まる形状にした。これにより、作業効率が大きく向上し、大量のチンゲンサイを出荷できるようになった。

健常者や高い技能を持つ技術者は、器用であるがために、道具に工夫をしなくてもキレイにできてしまう。そうなると熟練の人にしか、その仕事を任せられなくなってしまう。そして、その作業を素人は誰もマネすることができない。

その農家さんは障害者を雇用することで、その人でもできるようにするにはどうしたらよいかを考え、誰にとっても便利な業務改善のヒントを得るという発想の転換を行った。健常者は「できる」から気づかないが、障害者は「できない」から改善すべき問題が顕在化する。あとは、いかにして「できる」に変えるかを考える契機にしたわけだ。

なぜ、アメリカは世界最強のゼロ戦に対抗できたのか？

これと同じことが、日本のゼロ戦とアメリカの戦闘機の開発思想の違いにも現れていた。ゼロ戦は非常に優れた飛行性能を誇っていたが、操縦には高い技能が求められた。このため、ベテラン操縦士が次々に戦死していくと、ゼロ戦の性能を生かしきれる人材がいなくなって戦闘力が低下した。特攻隊という発想が生まれたのも、「性能を生かせるのは熟練者だけ」という問題が、日本の開発思想にあったためと言える。

他方アメリカは、熟練操縦士の生命は、そのまま戦闘力であるとみなした。また、高い技術を持った飛行士だけではうまくいかないと考え、技能が低くてもゼロ戦に対抗できる戦闘機と戦術を編み出す、という開発思想を持った。つまり、「操縦士はなんとしても生還させる」「技能の低い操縦士でもゼロ戦に対抗できる性能を飛行機に持たせる」「技能が低くてもゼロ戦に勝てる戦術を取る」という条件を満たそうと努力した。

その結果、日本は高い飛行技術を誇る操縦士が次々に戦死して失われたのに対して、ア

ゼロ戦の性能を生かせるのは熟練者だけだった日本
v.s.
技能が低くても対抗できる戦闘機と
戦術を編み出したアメリカ

メリカは操縦技術が低くてもゼロ戦と戦える飛行機に乗り、しかも生き残るのでどんどん腕を上げ、操縦技術が高くなっていくという相乗効果が生まれた。ついには、当初、日本が圧倒していた戦闘機による戦闘力が、アメリカに逆転される結果となった。

魚群探知機の開発ストーリーも面白い。腕のよい漁師は、経験と勘で漁場を探り当て、漁獲高を上げていた。ところが、漁師の中には不器用な人がいて、なかなか魚のいる場所を探り当てることができない。そんな人が魚群探知機の開発に協力していたら、腕のよい漁師から「そんなもので魚が獲れるものか。腕が悪いからそんな紛《まが》い物に手を出すのだ」とバカにされたという。

魚群探知機の開発は難航し、すぐには魚が獲れるようにならず、空振りを繰り返した。ところが失敗に失敗を重ねて改良を続けた結果、ついに漁村でダントツ一位の漁獲高を上げるようになると、それまでバカにしていたベテラン漁師たちも、こぞって魚群探知機を買い求めたという。

もし、腕のよい漁師と一緒に開発を進めていたら、魚群探知機のダメさ加減ばかり指摘されて、かえって開発は頓挫《とんざ》していたかもしれない。「下手な漁師でも獲れるようにするにはどうしたらよいか？」という開発思想だったからこそ、魚群探知機の開発は進んだと言えるかもしれない。

日本はどうも昔から、高い技術が必要な状態のままにしたがる傾向があるらしい。**「高い技術がなくとも、技術者と同等の仕事ができるようにするには、どうしたらよいだろう？」と発想することに、イノベーションのタネはある**のかもしれない。

POINT

「できる」人の視点ではイノベーションは生まれにくい。「できない」人が「できる」ようにするにはどうしたらよいか、と発想することにイノベーションの芽はある。

CHAPTER 2
「衆知」によるイノベーション

衆知とは、多くの人々の知恵のこと。たった一人の頭脳から出てくる発想は、たかが知れている。「無」から「有」を生み出すには、様々な人の多様な意見、ものの見方を導入することで、新発想を創造することが大切。そのために他者とコミュニケーションをどう取れば、イノベーションを起こしやすくなるのかを考えてみたい。

TIPS 07

万人を師と仰ぐ

相手への敬意が学びを生む

「こんにゃく問答」という落語をご存知だろうか。いろんなバージョンがあるようだが、私が知っているのは次のような話だ。

働くのが大嫌いなこんにゃく屋が、誰もいない廃寺に目をつけて、ニセ坊主になりすまして暮らしていた。そこに「たのもう！」と修行僧が現れ、問答で勝負せよ、と言う。問答に付き合って正体がニセ坊主だとバレたら大変。そこで、だんまりを決め込むことに。

修行僧は何を思ったのか、無言でこんにゃく屋にジェスチャーをしてみせる。こんにゃく屋はムッとした顔で、黙ったままジェスチャーでやり返す。横で見ていたこんにゃく屋の友人は意味が分からない。

するとと、修行僧が突然ひれ伏して「参りました！」と言い、そそくさと寺から逃げ出した。驚いた友人は修行僧を追いかけて、いったいジェスチャーで何をやり取りしていたのか聞いてみた。修行僧は、「あの方はすごい方です。ジェスチャーで仏教の教えについて尋ねたところ、たちどころに見事なお答え。とてつもなく学のある方です。大変勉強になりました。修行して出直してきます」と言って、立ち去っていった。

友人が「あいつ、じつはすごい奴なんじゃないか」と感心しながら寺に戻ってくると、こんにゃく屋はカンカンになって怒っている。どうした？と尋ねると、「あいつ、俺がこんにゃく屋だと気づいて、俺のこんにゃくが小さいだの、高いだの、まけろだの言いやがるから、そんなことはねえとジェスチャーでやり返して、最後にアッカンベーしてやったんだ」と毒づいた。

この落語は通常、修行僧がニセ坊主を徳の高い僧だと勝手に勘違いしたことを笑う話として理解されている。しかし、内田樹氏は著書『日本辺境論』で、「修行僧は確かに学んだのだ」と解釈している。修行僧は最初から最後まで、ニセ坊主ではなく本当の僧侶だと信じていた。信じていたからこそ、こんにゃく屋の見せるジェスチャーを、仏教の教えと

敬意が勘違いを学びに転化させる

して解釈した。

人は、敬意があると好意的に解釈しようとする。何かとてつもないことを教えてもらったのではないか、と考えるから、なんとか解釈しようとする。すると、頭脳がフル回転し、それまで思いもよらなかった発想に思い至り、よい意味で「拡大解釈」が行われ、実際に学びが発生する。

「学び」の発生には、「師匠を尊敬する」という関係性が不可欠だ。もし修行僧が、こんにゃく屋扮するニセ坊主を見下していたら、こんにゃく屋が何を言おうがバカにしてしまって、耳を傾けもしなかっただろう。**「この人から何か学べるのではないか」という強い思いが、勘違いを新発見に転化させる。**

その観点からすると、現在の教育現場は「教え」の現象が発生しにくい。大学出の親が増え、学校の先生をバカにする人も増えた。その気分は子どもに伝わり、先生を尊敬しない子も出てくる。結果、子どもは先生から何かを学び取ろうという謙虚さを失う。それでは先生を軽んずるばかりで、勘違いから新知識が生まれることもない。

棟方志功の生き様に学ぼう

私たち自身にも「学ぶ謙虚さ」は重要だ。自分は優秀な人間だ、と思いたくなる気持ちは誰にでもある。だが、傲慢さは「学び」を奪う。「あんな奴から学ぶことなんてない」と思ったとたん、相手をバカにするための揚げ足取りばかりに専念してしまうためだ。

しかし心掛け次第では、どんな人からも学べるし、新発見の喜びが得られる。その好例は棟方志功だ。版画家としてゆるぎない地位を築いた人物だが、どんな人の話にもよく耳を傾け、何かを学び取ろうとしたという。それゆえに、ちょっとしたことからでもインスピレーションを得ることができた。

じつは若い頃の棟方志功は、非常に傲慢で自分の芸術論に絶対の自信を持ち、人の話を聞かない人だったらしい。ところがある人物に出会ったことで、考え方がガラリと変わってしまう。柳宗悦。江戸時代の農民が手作りした民芸品の衒《てら》いのない美を再発見し、広く知らしめた人物だ。芸術論も何も知らない一介の庶民が創り出す美しさ。棟方はその思想に衝撃を受け、以後、「万人を師と仰ぐ」ようになり、誰からでも話を聞き、新しいアイディアのヒントを探るようになったという。

ソクラテスの恐るべき提案

「学び」には謙虚さが、「教え」には尊敬する関係が必要だ。尊敬できる教師がいないというのなら、学び手が謙虚になり、相手に敬意を示せばよい。すると私たちは、相手のちょっ

賢い人は
すべての人から学び、
平均的な人は
経験から学び、
愚かな人は
すでにすべての答えを
持っています。
ソクラテス

とした話から様々なヒントを得ることができるだろう。

年を取れば知識と経験が増え、他人を見下す気分が強くなりがちだ（特に男性は）。しかしソクラテスは、かなり高齢になってもなお、若い人に敬意を払い続けた。彼らのつたない発言でも面白がったり驚いたりし、「今日はぜひそのテーマを掘り下げて語り合おうじゃないか」と提案した。若者に対しても謙虚になることで意外な着想を引き出し、驚くようなアイディアにたどり着いた。「ソクラテスの産婆術」（71ページ）の効果に驚嘆した若者も、彼に敬意を表した。

平成の時代には、『朝まで生テレビ』の影響だろうか、自分の意見を声高に主張し、他者をこき下ろす手法が広がった。私が強い違和感を覚えるのは、ソクラテスの「産婆術」や棟方志功のあり方を知っているからだ。**謙虚さは学びの好循環を生むが、他者をバカにする心は学びの劣化を招く。**優れたように見せかけるのが上手な一人の人間を生んで、バカにされた万人との分断を生む。これでは知識が劣化するのも当然だ。

ソクラテスの恐るべきは、「優れた人間でなくても、相手から学ぼうという謙虚さがあれば、私たちはアイディアを泉のごとく生み出せるし、互いに敬意を払い合う関係になれる」と提案したことだ。これが民主主義の源泉になっているとも言えるだろう。

POINT

自分をエライと思ったとたん、知能以上の知恵は出なくなる。万人を師と仰ぎ、森羅万象から学ぶ姿勢があってこそ、万物をイノベーションの芽にする力が生まれる。

TIPS 08

「無知」から「知」を生む産婆術

古代ギリシャ時代に生まれたコーチング技術

ビジネスの世界では、コーチングという技術がすっかり定着している。私が20年ほど前にコーチングの本を読んだとき、デジャブ（既視感）がとても強くて、何だろうと考えていたら、「あ、ソクラテスじゃん」と気がついた。そう思っていたら、本のあとがきにも「ソクラテスの方法と同じ」と書かれていた。

ソクラテスは、若い人たちに大変人気の爺さんだったらしい。彼が町を歩いていると若者が気軽に声をかけ、自然に話が盛り上がっているところに別の若者も参入して、とても賑やかだったようだ。そんなソクラテスが得意としていたのが、「産婆術」だった。

「産婆」とは、今で言う助産師だ（ちなみに、ソクラテスは石大工だったから別に産婆ではない）。ソクラテスの産婆術とは、無知の者同士が話し合っているうちに、新しい知を生み出してしまう方法のことだ。

その様子は、弟子のプラトンがまとめた『メノン』という本に象徴的に現れている。数学の素養のないソクラテスが、やはり数学の知識のない友人宅の召使を呼び、図形を前にして質問を繰り返した。召使は質問されるがままに「こうじゃないですかね」と答えるうちに、誰も発見したことのない図形の定理を見つけるシーンが描かれている。

若者は、ソクラテスと話をしていると、知恵が泉のように自分の口から飛び出てくることに感動し、それが快感でならないから、彼のそばに居たがった。ソクラテスは年寄りだったにも関わらず、物知り顔に説教するようなことはなく、むしろ若者から教えてもらいたがった。「それはどういうこと？」「ほう！　それは興味深いね。こういう事実と組み合わせて考えたら、どう思う？」などと質問を重ねる。すると若者はウンウン考えながら、「こうじゃないでしょうか」と答える。それをソクラテスはさらに驚き、面白がり、さらなる質問を重ねる。

問いを重ねることで新たな知が発見される

どんどん思考を深掘りしていくうち、若者はそれまで思ってもみなかったようなアイディア、思索の深遠さに自ら感動して、その快感を忘れられなかった。ソクラテスも知らない。若者も知らない。無知な者同士が、問いを重ねることで新たな知を発見する。これがソクラテスの得意とした「産婆術」だ。ソクラテスに関しては「無知の知」という言葉が有名だが、功績の最たるものは「産婆術」の発見にあるように思う。

どんな意見も新視点のネタと思う

１５４ページで、茶飲み話をする中で「缶に詰めたポテチ」のアイディアが生まれた様子を紹介している。コーヒーをすすりながら、気楽な気分で冗談を言い合いながら、時にはボケとツッコミを入れながら、新しい「知」が生まれる瞬間だ。茶飲み話でイノベーションが成立するには、次の要件がある。

1. 否定しない
2. 新たな視点提供を歓迎する
3. 提供された新視点から連想を展開する

これらの要件に気をつけながら話し合えば、アイディアが百出するようになる。こうした「場」を成立させるときに重要なのが、「ファシリテーター」だ。ファシリテーターは、参加者全員が意見を言いやすいように思考を刺激する触媒みたいな存在だ。最もイメージしやすいのは、『ハーバード白熱教室』で有名なマイケル・サンデル氏だろう。

サンデル氏は、出てきた意見を自分なりに解釈し、「こういう話もある。それと組み合わせて考えると、どうだろう?」と会場に質問を投げかけ、参加者の思考を刺激する。ど

アイディアを百出させる要件

1 否定しない
2 新たな視点提供を歓迎する
3 提供された新視点から連想を展開する
マイケル・サンデル

んなにひねこびたと思える意見でも新視点の提供と捉え、「今の意見から、こういうことも言えるのではないか」と解釈（連想）を加えて、さらに質問を重ねる。そうして思考をどんどん深め、会場全体がそれまで経験したことのない思考の深みへと誘《いざな》われる。

「問い」が便利なのは、「情報を加味する」ことができることだ。「今の君の話でふと気がついたんだけど、こういう話と似ている気がする。だとすると、こうも解釈できるが、君はそれをどう考えるか」などと、質問する前に自分の考えを述べる形で新視点（連想）を提供し、さらに新たな思考を促す。こうすれば、「産婆術」が可能になる。

知ったかぶりは知を生まない

「産婆術」が新しい知を生むには、一つ条件がある。**「知ったかぶり」をしない**ことだ。面白いことに産婆術は、無知な者同士が語り合う場合は新しい知を誕生させる力となるのに、知ったかぶりをする人間に向けると、その人間の無知ぶりをさらけ出す「弁証法」に変わってしまう。

弟子のプラトンが書いた『プロタゴラス』や『ゴルギアス』では、ソクラテスが当代きっての天才と言われていた人物に、質問しに行く姿が描かれている。なんでソクラテスがそんなことをしたかというと、友人がデルフォイ神殿から「ソクラテスより賢い人間はいない」という神託をもらってきて、「そんなことはない。私は自分が無知であるのを知っている」と思ったソクラテスは、神託が何を意味するのか、確かめたいと考えたからだ。

ソクラテスは若者と語り合うときと同様、質問を重ねた。すると天才たちは、「それはこういうことだよ」と物知り顔に語り出す。それに対して、ソクラテスは質問を重ねる。

知ったかぶりは知を生まない

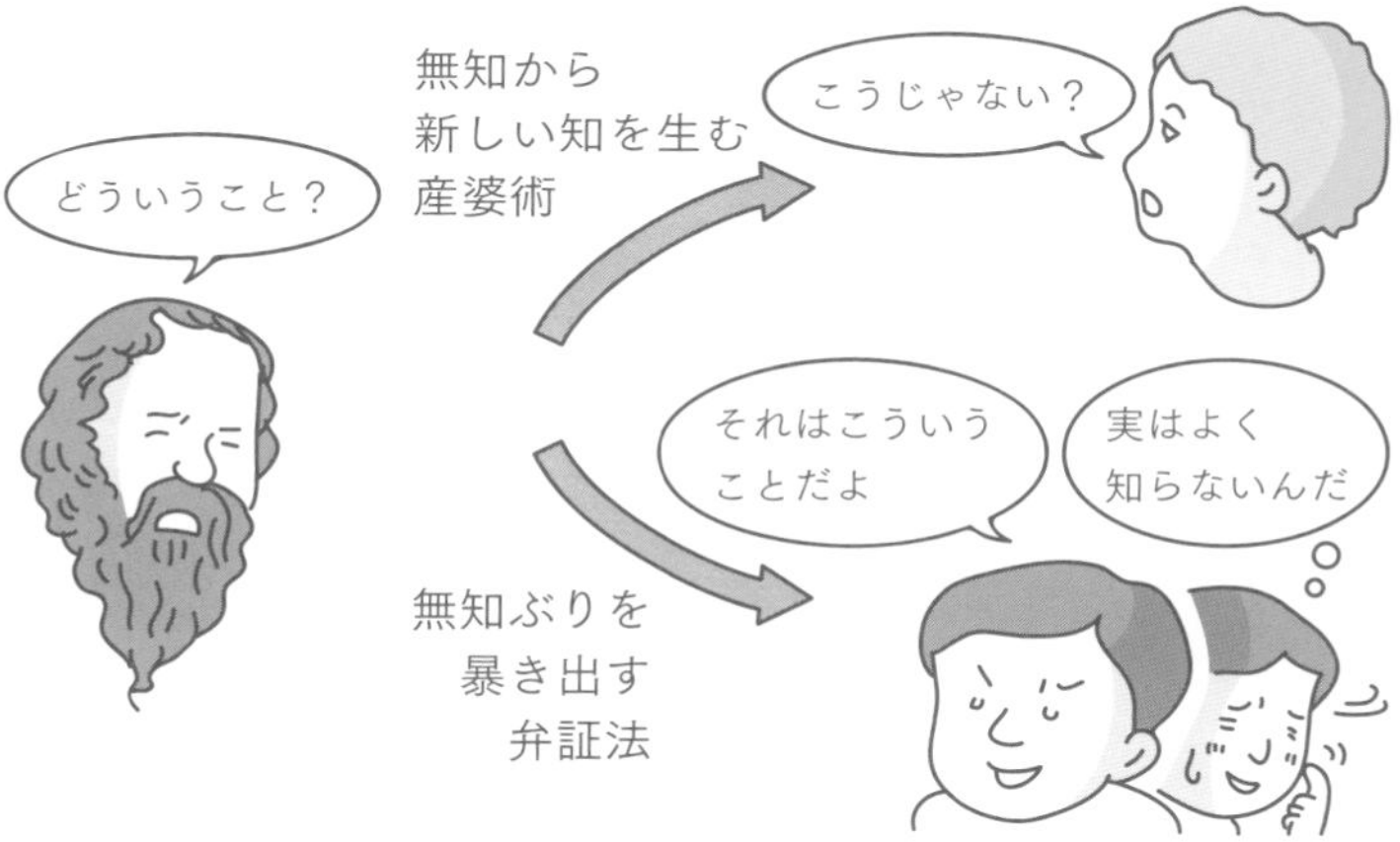
どういうこと？
無知から
新しい知を生む
産婆術
こうじゃない？
無知ぶりを
暴き出す
弁証法
それはこういう
ことだよ
実はよく
知らないんだ

すると、最後には「じつは私は、そのことについて十分知らないのだ」と、無知であることを白状しなければならなくなった。

これはじつに不思議なことだ。無知な者同士が「問い」を重ね合うなら、新たな知を発見できる「産婆術」になるというのに、「俺は誰よりも物知りだ」とふんぞり返って知ったかぶりをする者に問いを重ねると、「弁証法」へと姿を変えて無知ぶりを暴き出す恐るべき刃へと変貌するからだ。

知ったかぶりとは、「私の理解している通りにあなたも理解しなさい」という「押しつけ」だ。他方、無知を自覚して互いに問いを重ねる「産婆術」では、相手の意見を「あ、その視点は自分にはなかったなあ」と評価し、自分の意見を押しつけることなく、「今気がついたけど、こういう視点もありじゃないかな?」という「提案」になる。

産婆術で大切なのは、**自分の意見を押しつけるのではなく、あくまで「物事の一面に気がついたよ」という提案にとどめ、相手の意見も新視点として歓迎する**ことだ。そのコンセンサスがあれば、「問い」は相手を問い詰めるものではなく、新たな知を生み出すための触媒に変わるだろう。なお、相手に「争心」があり、建設的に話し合うコンセンサスが形成できない場合は、産婆術は使えないので、その場を立ち去るのがいいだろう。

POINT

「問い」を発することにより、同じことを別の視点、角度から考えることを促す。すると、問われた人間が思ってもみなかったような発想を生み出す。違う角度から考えることを促す「問い」は、イノベーションの触媒になり得る。

TIPS 09

「部分」と「部分」を紡いだ知の創造

「群盲象をなでる」に学ぶ科学の営み

「群盲象をなでる」ということわざをご存知だろうか。目の見えない人たち数人に、何も言わずにゾウを触ってもらったとき、尻尾をつかんだ人は「呼び鈴のヒモだ」と言い、足を触った人は「柱だ」と言い、耳を触った人は「カーテンだ」と言い、腹を触った人は「壁だ」と言い、鼻を触った人は「大きな吹奏楽器だ」と言い、上に乗った人は「ちょっとした丘だよ」と言った。

みんな、自分の触った感触に確信があるから、「お前、ちょっとおかしいんじゃないか⁉ 呼び鈴のヒモに決まってるだろう！」と罵り合う。誰もが自分の意見を主張するばかりで、ゾウという真実にたどり着けない。自分の狭い了見に閉じこもって、人の意見を聞かないことを戒めたことわざだ。

部分的証拠を紡いで仮説を浮かび上がらせる

じつは、このことわざには続きがある。「おい、ちょっと待てよ。俺たち、同じものを触ってるんだよな？」と誰かが声をかけると、みんなハッとした。あらためて自分の触っているものを仔細に観察して、みんなと共有し合った。「よく触ってみると、この呼び鈴のヒモ、先っぽに毛がある」「この柱、ザラザラしてる」「壁だと思ったけど、下に向かって曲線になってる」「カーテンかと思ったけど、時々動くなあ」といった報告をし合ううち、「もしかしてこれ、ウワサに聞くゾウって生き物じゃないか？」と、ついに真実に至る。

このお話は、科学の営みにそっくりだ。たとえば、私たちの遺伝子情報を担っている、

DNAという物質がある。テレビなんかでは、キレイならせん状の形をした映像で紹介される。ところが、DNAがらせん構造であることを、直接〝見た〟人は誰もいない。

ワトソンとクリックが「らせん構造ではないか」と提唱してから、証拠がたくさん積み上がり、今ではDNAがらせん構造であることを疑う研究者はいない。けれど、そんな状況になってもなお、はっきり見た人がいるわけではない。あくまで状況証拠を総合すると「らせんと考えたほうがつじつまが合う」というだけなのだ。

宇宙のはじまりにビッグ・バンという現象が起きたと考えたほうが、あの部分的証拠とこの部分的証拠を説明しやすい。だから「正しそう」と考える。

重過ぎて光さえ逃げ出せないほど強い重力を持つブラックホールがあると考えたほうが、あの現象とこの現象を説明しやすい。だから「そんなのありそう」と考える。

科学は、「群盲象をなでる」と同じように、部分的証拠を積み重ね、それによって「全体像はこうじゃないか」という仮説を浮かび上がらせる作業を行う。たった一人の人間は、ゾウの尻尾を握った人と同じように、「部分」しか気づくことができない。たとえ「部分」であっても確かに感じているものだから、絶対正しいと考えがち。他の人が壁だとか柱だとか言っても、「そんなわけあるか！」と否定しがちだ。

だが、科学はそのような「押しつけ」を戒める。自分の見た「部分」、相手の見た「部分」をそれぞれ事実として認め、それらの部分的証拠をすべて矛盾なく説明できる「仮説」を一緒に紡ぎ出そうとする。**科学は、一人の人間では視野狭窄《しやきょうさく》に陥りがちなところを、たくさんの人間がたくさんの視点を提供することで、一人では見えなかった全体像を浮かび上がらせようとする**、非常に画期的な手法だ。

一人の天才よりも、たくさんの視点

対照的に、飛び抜けた天才が指導者になったほうが、効率的で間違いない方向に人々を導いてくれるという考え方がある。私はこれを、「リュクールゴスの亡霊」と呼んでいる。リュクールゴスは、古代ギリシャの有力都市スパルタ（ラケダイモーン）を強国に育てた

一人の天才よりも、たくさんの視点

私が言うのも
なんだけど、
リュクールゴスの亡霊と
訣別しようよ
リュクールゴス

という伝説の指導者だ。それまでのスパルタ人の風習をあらためめ、人々を質実剛健に鍛えることで、もう一つの有力都市アテネ（アテーナイ）とも匹敵し得る強国に育てたという。

このリュクールゴスに憧れたプラトンは、『国家』という本を著すことで、ソクラテスのような優れた哲学者が国家を治めたら理想の国になる、というアイディアを提案した。これはある意味、画期的な発想だった。国家というのは生まれる前から存在し、小さな人間の力ではどうしようもない巨大な存在だと考えられていたからだ。しかしプラトンは、「国家はリュクールゴス伝説を参考にして、デザインし得る」と提案したのだ。

これを踏襲《とうしゅう》したのが、デカルトだ。デカルトは『方法序説』という本の中で、やはりリュクールゴスの伝説を紹介している。たった一人の天才がデザインした都市は美しい。それと同じように、ゼロから思想を再構築すると、矛盾のない完璧な思想をものにできる、と提唱した。プラトンが「国家はデザイン可能」と提案したのだとしたら、デカルトは「思想はデザイン可能」と提案したと言える。

西洋の知の巨人二人が、リュクールゴスに仮託して語ったことが、後世に恐ろしい副作用をもたらした疑いがある。天才は国家も思想もデザインできる。その天才の言うことに従えないなら、殺しても構わない。そんな思考パターンの誕生を許した側面があるのだ。

フランス革命の渦中で現れたロベスピエールは、共和制という理想を実現するため、敵対する人間を虐殺し、「恐怖政治」という言葉の代名詞になった。マルクス主義を標榜したレーニン、スターリンら〝天才〟を自認する人たちは、大量虐殺を「理想国家実現のため」と正当化した。カンボジアではポル・ポトが農業以外の職業を認めない理想国家を構想し、反逆しそうな人間を虐殺した。

彼らの発想の淵源をたどれば、リュクールゴス伝説に行き当たる。一人の天才が国家をゼロからデザインしたら、すばらしい国になる、という伝説がプラトンやデカルトによって言葉を変えて補強され、その結果生み出されたのが、ナチズムやファシズム、あるいはポル・ポトだったと言える。

プラトンやデカルトは、ある種の天才であったことは間違いない。しかし、天才であった彼らにしても、ゾウの尻尾を握り、万物を尻尾と言い張る愚を冒したのではないか。**いくら天才でも、結局は一人の人間に過ぎない。それよりは、たくさんの人たちの「部分」をつなぎ合わせて、新たな「知」を創造することのほうがはるかに強力である**ことを、科学は示しているように思われる。

POINT

一人の人間は、どうしても狭い視野しか持てない。たくさんの視点を総合し、新たな「知」を生み出すことが大切。

TIPS 10

天才よりイソギンチャク的であれ

たった一人でエンピツを作れる人は存在するのか

前項目でご紹介した「リュクールゴスの亡霊」は、中央集権的な世界観を人々に広める役割を果たした。たとえば、私たちはつい最近まで、人体は脳が支配し、制御しているという中央集権的な理解をしていた。

ところが２０１７年から放映されたＮＨＫスペシャル『シリーズ人体』では、脳が中央集権的に支配しているのではなく、腎臓や肝臓、骨や筋肉、はたまた皮膚が、それぞれ全身に情報を発信し、互いに影響し合うネットワーク型のシステムであると紹介されている。ようやく医学も、プラトンやデカルトによって広められた「リュクールゴスの亡霊」の呪縛から解脱しつつあるように思われる。

一人でエンピツを作れる人は存在しない

どの樹木が
エンピツに適してる？
どの年齢の木が
切り頃？
黒鉛の材料は
何がよい？
どうカット
すればいい？
どう組み合わせれば
エンピツの形になる？
マット・リドリー

様々な人物が自分の着想を紹介する「TEDカンファレンス」という講演会の中に、マット・リドリー氏の「アイディアがセックスするとき」というプレゼンがある。その中で、「エンピツを作れる人はこの世にいない」という指摘があった。どの樹木がエンピツに適しているか、どの年齢の木が切り頃か、どうカットすればよいか、黒鉛の材料は何がよいか、どう組み合わせればエンピツの形に整形できるか……。これらすべての知識を、たった一人で持ち合わせている人はこの世におらず、すべての技術をマスターしている人もいないという。工業製品として比較的単純に思えるエンピツでさえ、そうだ。

リドリー氏は、「現生人類は〝交換する〟という他の生物にない特徴を備える」と指摘している。現生人類の前に繁栄していたネアンデルタール人は、現生人類より脳が大きく、石器などを作り出し、言葉も使えたのではないかと推定されている。

しかし、ネアンデルタール人は滅んでしまった。その原因の一つが、〝交換〟できなかったからではないか、という示唆《しさ》は興味深い。ネアンデルタール人は石器を作ることができたが、その材料は近隣から得ていたという。

ところが現生人類になると、その材料が採れる場所よりはるかに離れたところから、石器が発見されるようになった。これは、物々交換などを通して、石器の材料を手に入れていた証拠だと考えられる。現生人類は、「分業」して自分の得意技を磨き、それで生み出した高品質の部品を〝交換〟することでより優れた製品を作り上げるという、それまでの生物が成し得なかったことを可能にした生き物だ。部品だけではなく、アイディアも交換し、新たなアイディアを生み出す源泉にもした。

リドリー氏によれば、現生人類以外の生物は自らの脳だけで能力が完結していた。けれど、現生人類は言葉でコミュニケーションし、アイディアを〝交換〟する能力を獲得したことで、あたかも一人ひとりの人間がニューロン（一個の神経細胞）となり、つながり合うことで、人類全体が巨大な脳として働くことを可能にしたという。私も、この考え方に共感する。

分散統治でクオリティを担保するカギ

「リュクールゴスの亡霊」の呪縛はなかなか強力で、現代にも「優れた指導者が愚かな民衆を導いたほうが、よりよい社会になるに決まっている」と考える人は多い。そういう人は、「優れた人間」に権力が集中した中央集権的なシステム以外、想像することすら難しいようだ。中央集権でなければ、愚かな民衆はバラバラに行動し、統制が取れず、社会は乱れるに決まっている、と考えるのだろう。

しかし、中央集権的ではなく、分散統治のシステムなのに、統一された美しい行動様式を見せる生き物がある。イソギンチャクだ。イソギンチャクは、脳のような神経の集中したところはない。全身に網のように神経が張り巡らされ、ところどころ神経節というつなぎ目がある網目状となっている。

中央がない統治システムだからバラバラに動くかというと、そんなことはない。海でイソギンチャクに出会ったことがある人はよく知っているだろうが、獲物が来ると瞬時に触手で捕まえる。エサではないと認識すると、ペッと外に吐き出す。その動きは精妙だ。

インターネットも分散統治のシステムだ。一見、中央集権的に見えるスーパーコンピューターも、現在は分散統治型のシステムとして開発されているという。全体の調和を考えつつ、部分部分にある程度独立性を持たせたほうが、全体としてのパフォーマンスを向上させられることが、認知されるようになってきたということだろう。

イソギンチャクのような分散統治の仕組みを人間社会に取り入れるには、どうしたらよいだろう？ 筆者は「オープンソースの開発」が参考になるように思う。つい先頃まで、世界を席巻していたWindowsの開発では、すべてのプログラムを閲覧できるのは管理者

査読システムがイソギンチャク的な分散統治のカギ

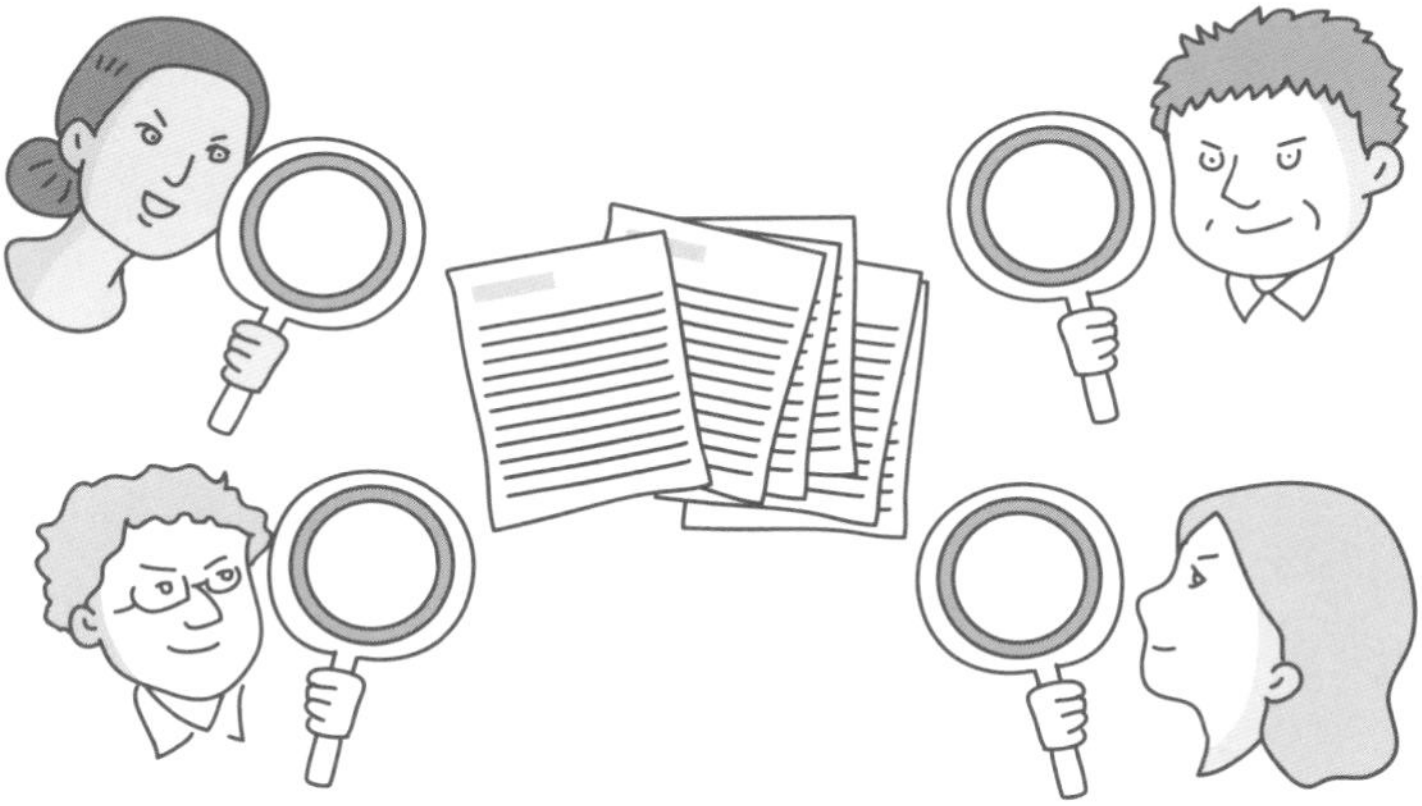

に限られ、開発に携わる多くの人たちは自分に割り当てられた「部分」しか見えなかったという。

ところが、無料で使えるソフトとして知られるOpen OfficeやFirefox、Linuxは、誰でもプログラムを見ることができ、誰でも改良できる「オープンソース」という状態になっている。不安に思わないだろうか？ 不特定多数の人間が好きに改良できるなんてことにしたら、デタラメな改造が行われて、統率の取れない無茶苦茶なことになるのでは、と。

そうした混乱は、オープンソースの開発では起きていない。その秘密が「査読システム」

だ。過去にプログラムを書き、その案が採用されたことのある経験者が「査読者」となり、新入りが提示した改良案を複数人で審査する。査読者から見て、未熟と思われる箇所は改良するようにアドバイスし、査読者全員が優れた提案だと認めたら採用され、実際にプログラムに組み込まれる。こうして、不特定多数の人間が改良に参加しながら、全体としての統一感を失わない巨大プログラムが開発されている。

ウィキペディアも、査読システムを採用している身近な成功例だ。ウィキペディアの記事を書いたことがあり、その信頼性が高く評価された人が査読者となり、新たに書き込まれた記事をチェックする。こうして、不特定多数の人間による書き込みがなされても、信頼性の高い記事にどんどん改まる仕組みを担保している。

じつは、この方式は科学の研究成果を掲載する学術雑誌が昔から採用しているものだ。ネーチャーやサイエンスなどをはじめとする学術雑誌は、投稿された論文に査読者を複数任命する。査読者全員が「掲載の価値あり」と認めれば掲載論文として採用される。ある程度科学的に信頼性の高い論文だけが、学術雑誌に掲載される仕組みとなっている。

自律分散で多様な視点を導入する

オープンソースの開発は、科学の営みを模倣したものだと言える。科学そのものが、不特定多数の人間が参加する知の営みだ。パッと見、雑然として統率が取れなさそうに見える「不特定多数」なのに、人類が最も信頼を置く科学という学問を構築できるのは、査読システムを発明したおかげだろう。

査読システムを活用すれば、統率が取れなさそうに見える分散統治システムでも、意外と均整の取れた進化を遂げることが可能になる。**むしろ、中央集権型よりもはるかに多数の視点、思考法を導入することができ、画期的なアイディアが生まれる確率を上げている。**

ロボットでムカデの足の動きを中央集権的に再現しようとすると、非常に難しいそうだ。しかし、「あっちの足が前に出たら、次の足も前に動かす」という自律分散型にすると、意外に単純なアルゴリズム（算法）で動きを再現できるという。他にヘビの動きもそう。中央集権的な制御では動きがぎこちなくなるが、自律分散型にすると、足もないのに坂道を登るようになる。

自律分散型は、中央集権型とは違う形で全体の調和を維持しつつ、多様な視点を導入することでイノベーションも可能になる。人類はまだまだ、イソギンチャクやムカデなどの自律分散型の生命から学ぶことは多いかもしれない。自律分散を可能にし、かつ多様な視点をイノベーションの契機として生かす一つの手法として、「査読システム」という方法がある、というのは頭に入れておいてよいだろう。

POINT

中枢管理でなければまとまりを欠くと思い込みを持たない。「査読システム」を導入することによる自律分散型の統治方法で、多くの人々の発想を活かすことが可能になる。

TIPS 11

門外漢が気づきを口にしやすい雰囲気づくり

専門家がイノベーションの邪魔になることも

ネット上での議論を眺めていると、「専門家でもない人間が口を出すな」という表現をよく目にする。なるほど、専門家でもない人間が専門分野を偉そうに語り、専門家を小バカにするのなら、それはあまりにも不遜《ふそん》だと言わなければならない。

しかし、専門家ではないことを自覚し、自分の見解が間違っている可能性も承知し、間違いがはっきりすれば撤回する意思のある人の意見は、素人であっても耳を傾けたほうがよい。それは、イノベーションのきっかけになり得るからだ。

筆者は、学生やスタッフの意見を聞くことを楽しみにしている。「間違っているかもしれませんが」「思い違いならごめんなさい」という接頭語がよくつくけれども、その上で

専門家がイノベーションを邪魔する

述べられる意見にはハッとさせられることが多い。あえて意見を述べてくれるのは、専門家であっても気づいていないかも、と私を心配してくれているからだ。実際、盲点を指摘されて「あ！ それ、気づいていませんでした…よく指摘してくださいました！」と、感謝感激雨アラレということがたびたびある。

皮肉なことだが、新しいものを創造するときには、専門家も素人も大して違いはない。同じスタートラインに立っている。どちらも、どうしたらよいのか誰も知らないから〝新しい〟のだ。だから、**新しいものを創造しようとするとき、専門家だけで議論するのはいかにももったいない。**

むしろ、専門家であることはイノベーションの邪魔になることが多い。知識をたくさん持っているために、すべて知りつくし、あらゆることを考えつくしたつもりになっている。新しい着想が他人によって述べられても、「あ、それはね、過去にこういう論文があって」と、手持ちの知識で処理してしまうことが多い。「その程度のことは俺だって、すでに考えたよ」と言わんばかりで、新しいことを生み出す気があるのか疑わしい専門家も多い。

光学理論と疫学の発展を支えた素人の「あれ?」

イノベーションは、専門家以外が起こすことが多い。眼鏡屋のヤンセン親子は、二枚のレンズを重ねると遠くの景色が大きく見えることに気がついた。このニュースはヨーロッパ中を駆け巡り、興味を持ったガリレオが望遠鏡を自分なりに改良して宇宙を観測し、地動説を唱えたのは有名な話だ。

その後、デカルトなども研究を重ね、急激に光学理論が進んだのだが、そもそもレンズを二枚重ねるという着想がなければ、光学理論が発達しようもなかったし、専門家も生まれなかった。イノベーションを前にしたら、素人も専門家も区別はない。

疫病対策が最初に始まったときも、同じことが言える。チフスという疫病がイギリス国内で蔓延したとき、最初は「瘴気《しょうき》」という悪臭が発生原因だと考えられていた。医師のジョン・スノウは、コレラの発生に地域差があることに気がつき、その共通点を探ったところ、同じ井戸水を使っている人が感染していることを突き止めた。そこで、その井戸水の使用を禁止してみたところ、コレラの蔓延を防ぐことができた。以後、「疫学」という学問が発達することになる。

当時は専門家も信じ、信憑性が高いと思われていた瘴気説を信じ込む人がほとんどだった。ジョン・スノウは、疫学という学問がまったく成立していない中で、なんとなく規則性に気づき、その着想を裏づける証拠を探して、一つの井戸にたどり着いた。「あれ?」と不思議に思う気持ちを大切にした結果、新しい学問を生み出し、疫病を最小限に抑える対策まで生み出した。

「あれ?」という気づきを大事にするには、専門家の知識を誇る気持ちはむしろ邪魔だ。

膨大な知識で素人の気づきを押し流そうとする。そういう意味で、『裸の王様』は示唆的な物語と言える。大人は、社会的なしがらみや虚栄心などを心に分厚く身にまとって、空虚な議論を展開しがちだ。子どもが、「王様は裸だ」と見たままを口にした物語となっているけれど、もしかしたら「いや、裸に見えるけど……」と口にした大人がいてもいいはずだ。

そこで「お前は愚か者なのか? あのすばらしい着物が見えないというのか?」と押しまくられると、何か着ているような気がしてくるものかもしれない。けれど、「裸だね」「あ、やっぱりそう思う?」、そんな素直なやり取りが、素人と専門家との間でできると、イノベーションの芽はもっと増えるだろう。

意見は反証可能性とともに

科学では、「絶対正しい」という姿勢を専門家にさえ認めない。科学は、「こんな証拠が挙がってきたら、自分の理論は間違っていたと認めます」という「反証」を示す必要があ

反証可能性を弁えて意見する

反する証拠が出てきたら、意見を引っ込める
カール・ポパー

る。これは、イギリスの哲学者カール・ポパーが提唱した「反証可能性」という考え方だ。この反証可能性は、専門家も弁《わきま》えなければいけない。専門家だからといって、絶対正しい理論を唱えることはできない。

逆に素人も、自分の気づきを絶対視して、専門家をバカにするような傲慢さを発揮するのは問題がある。専門家も素人も同じ地平に立ち、自分の理論に誤りがあるかもしれない、という謙虚さを互いに持つことが大切だ。専門家は、さすがにいろんな知識を持っている。それに敬意を払う必要はある。敬意を払った上で、「まだ気づいていない点があるのでは？」という指摘は有益だ。

専門家は素人の気づきに対し、分かりやすく解説する必要がある。その際、「あなたの指摘が正しいとするなら、こうしたことが起きるはずだ。逆に間違っているとするなら、こういう反証が起きるだろう」といった反証可能性を示すことが大切だ。上述のジョン・スノウの場合も、「井戸水の使用を禁止しても疫病が止まらないなら、井戸水原因説は誤っている可能性が高い」という反証可能性が担保されている。

素人だろうが専門家だろうが、**意見を述べるときは、「反する証拠が出てきたら、自分の意見を引っ込めます」という姿勢が大切だ。**その謙虚さがあれば、素人でも発言することは大いに結構、と考えよう。「群盲象をなでる」のように、多くの視点が提供されることで、私たちは「ゾウ」だと見抜くことさえできるのだから。

POINT

専門家はむしろ既存の知識に邪魔され、新しい発見が難しくなる。素人の視点や意見を意識的に導入し、専門家にできなかった発想、新しい視点につなげたい。

TIPS 12

ミツバチの会議で「築論」する

「築論」で新しいアイディアを構築しよう

日本では、討論(debate)と議論(discussion)はほぼ同じ意味で使われる。これは欧米でも似たような事情らしくて、明確に区別があるわけではない。ただ、読んで字のごとく理解すれば、討論は「相手の論を討つ」ものだ。自分の理論の弱点はなるべく小さく見積もり、相手の欠点は針小棒大に拡大解釈し、相手がたじろぐところを徹底的に攻撃して論破する。討論は、どんな手を使っても相手を倒そうとする言葉の格闘技だ。

他方、議論は「建設的議論」という言い方があるように、相手を論破するより、相手の意見も組み合わせることで、新しい着想と理論を構築しようというものだ。ヘーゲルの提唱した「止揚(アウフヘーベン)」を行うものだと言ってよい。一見、矛盾する理論同士を一緒に検討して、その両方の理論を包含《ほうがん》できる新たな理論を構築する。これが、狭い意味での「議論」と呼んでいいだろう。

研究者が学術雑誌に投稿する学術論文がまさにそうだ。学術論文には、「Discussion」という項目を設ける。そこで過去の様々な研究を紹介し、自分の研究成果と組み合わせることで、これまでにない理論が構築できるかを論じる。過去の理論を論破するためではなく、過去の理論と自分の実験結果を両方考え合わせて、新しい理論を構築するから「建設的議論」と言えるのだろう。

ところが日本では、テレビの討論番組の影響が強いのか、議論と言えば相手の意見にまったく耳を傾けず、むしろ否定してかかり、自分の意見を声高に主張するものだと捉える人が多い。「議論は嫌いだ」と言う人は大概、相手の意見に耳を傾けようとしない「討論」を嫌っている。

討論を嫌うのは、科学的には妥当な姿勢のように思う。現在の科学では、絶対的な正しさは誰にも分からないというスタンスを大切にする。相手の理論も絶対ではないが、自分

相手の材料と自分の材料から
一つの建築物を作り上げるように「築論」する

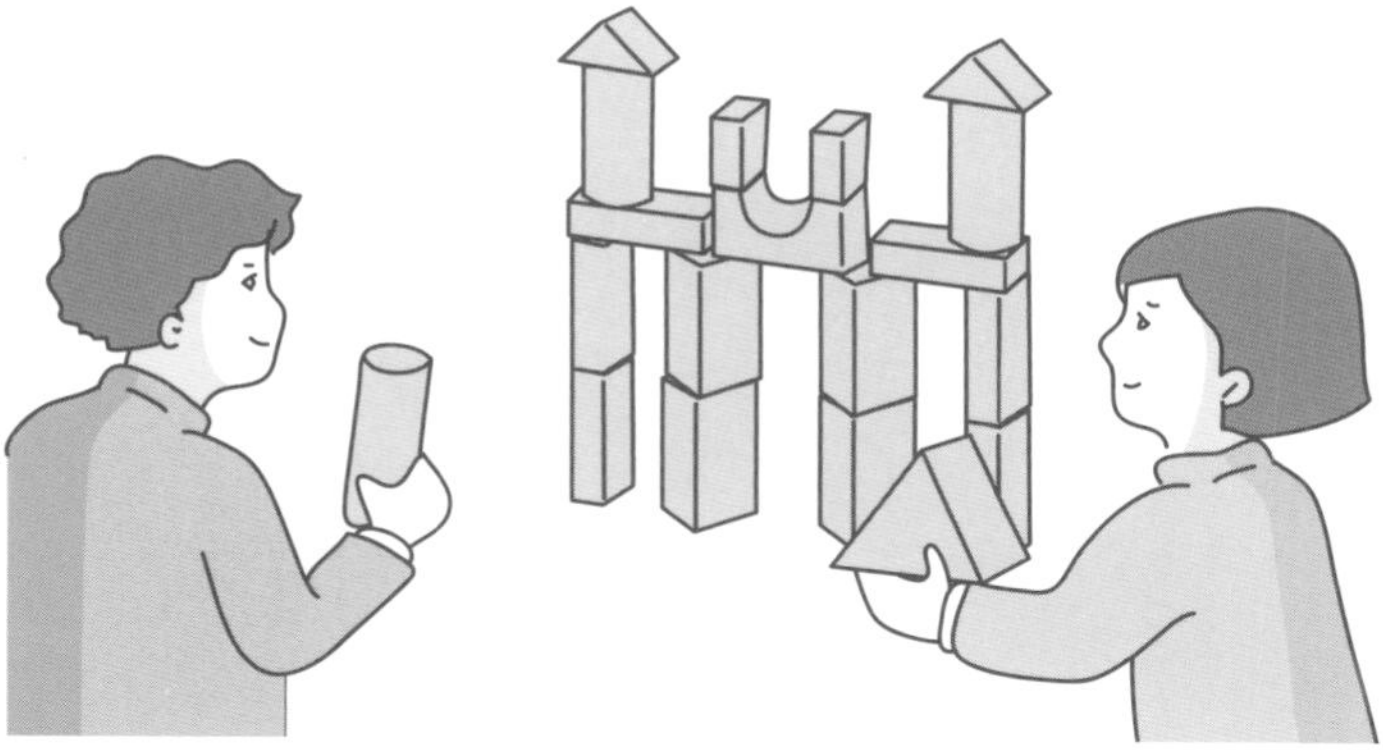

の理論も絶対ではない。**間違っているかもしれない理論同士を組み合わせて、双方が持ち寄る証拠のどちらも包含できる新たな理論を形成するのが、科学的に適切な姿勢**だとされる。

そこで筆者は、そうした建設的議論のことを「築論」と呼んでいる。相手の持ち寄った材料と、自分の持ち寄った材料を組み合わせて、ともに一つの建築物を作り上げる。そうした建築のような姿勢を持った議論を「築論」と呼び、相手を攻撃して優劣をつけようとする討論と区別することを提案している。

しかし、現実社会では築論を成立させるこ

と自体が難しい。声の大きな人が会議の行方を支配し、自分の意見を押し通すことが多いからだ。誰かが別の意見を述べようとしても、「あ、それは違う。それはこういうことがあってだね」と大声で圧倒しようとする。こうした「声の大きな人」は、誰よりも頑張って自分の主張を貫き通すので、次第に他の参加者がうんざりし、抵抗することを諦めてしまう。その結果、声の大きな人の意見が通ってしまう。「築論」ではなく「討論」になってしまった格好だ。

「ミツバチの会議」で声の大きな人を大人しく

声の大きな人を、普通の人の声と同じボリュームに下げ、築論を成立させるにはどうしたらよいだろうか。参考になるのが、『ミツバチの会議』（トーマス・D・シーリー）だ。ミツバチの専門家でもある著者によると、ミツバチは新しい営巣地を探す際、非常に民主主義的な手続きを取るという。しかも、その選択に誤りがなく、近隣ではそれ以上にない適地を新しい巣の場所として選抜する。

その方法は、営巣地によさそうな候補を見つけたミツバチが、「あそこによさそうな場所があるよ」とダンスを踊るというもの。ただし、ダンスを踊れるのは、1匹の働き蜂につき1回だけ。それを見た他のミツバチが、どれどれと候補地の様子を見に行く。「本当だ！」と思えば巣の前で勢いよくダンスを踊り、そうでもなければほどほどで踊るのをやめてしまう。そうするうち、本当によい条件を揃えている候補地にダンスを踊るハチが増え、数の多いところに営巣地が決まる。そうして決まった営巣地は、本当に理想的な条件を揃えているという。

著者のシーリーは、このミツバチの手続きに着想を得て、教授会での発言ルールに応用した。「全員が発言し終えてからしか次の発言はできない」としたのだ。それまでは、声の大きな教授が「あ、それはね」と別の意見を遮り、自説をまくし立てるシーンが多かったのだけれど、「みなさんが意見を言い終わったら、あなたの番が来ますから、それまでは黙っていて」と制止する。

このやり方だと、会議で普段黙っている人の意外な意見にハッとさせられたりして、雰

一人30秒～1分間の持ち時間で会議の「筑論」を実現

囲気がガラリと変わる。そうなると、声の大きな人も雰囲気の変化を認めざるを得ない。自分の番が来て大声で主張しても、また次の順番までは全員の意見を黙って聞いていなければならない。すると、自分の意見を押しつけるのではなく、みんなに聞き入れてもらいやすい内容に修正せざるを得なくなる。

こうした「ミツバチの会議」の方法だと、「築論」は進めやすくなる。**一人あたり30秒～1分間の話す時間を繰り返しまわすと、いろんな人から新視点を提供してもらえたり、それを補強したりする意見が出てきて、築論が展開しやすくなる。**

声の大きな人が特定の意見をつぶそうと目論《もくろ》んでも、ミツバチの会議なら五人の参加者の場合は五分の一でしかなくなるので、面白い意見がつぶされにくくなる。面白い意見に「面白い！」と賛意を示しやすいので、新視点を拾い上げやすい。

討論よりは築論を。築論を行うには、全員が意見を述べ合う「ミツバチの会議」を。それを頭に入れておくと、「三人寄れば文殊の知恵」のように、人数が多いからこそのイノベーションを起こすことができるようになるだろう。

POINT

議論の勝ち負けを重視する「討論」は、イノベーションの邪魔になる。大きな声で他の意見を圧倒しようとするのも創造性の邪魔。「ミツバチの会議」を導入し、たくさんの意見を引き出せる環境を整えよう。

CHAPTER 3 「科学的手法」によるイノベーション

科学の方法は、研究現場に役立つだけではない。じつは、赤ん坊が本能的に採用している学習法こそ、科学的手法だ。未知に取り組む方法はもちろん、ビジネスの現場にも広げることが可能だ。

TIPS 13

赤ちゃんも実践！「科学の5段階法」

「未知」への向き合い方

これまでの教育では、「既知」への向き合い方を教えることはできた。すでに知られていること、正解とされることを教科書で教え、子どもはひたすらそれを丸暗記する。全国民に教育が施されるようになったのが、ほんの百数十年前だということを考えると、こうした教育方法が取られたのにも、それなりに意味があったと言わねばなるまい。

しかし、そうした時代が急速に終焉しようとしている。昔は百科事典を備える家は必ずしも多くなかったが、今は百科事典と遜色のない膨大な知識を、インターネットを介して無料で手に入れることができる。丸暗記しなくても、概要さえ頭に入っていれば、ウィキペディアなどで確認して済むようになった。暗記した知識の量だけでは、「知識人」とは呼べない時代が到来したと言える。

しかし、現代でもなお、どう向き合えばよいかはっきり分かっていないものが「未知」だ。まだ誰も知らない知識。あることはなんとなく分かっているけれど、どうしたら「分かる」に変えられるのか分からない知識。そうした「未知」を「既知」に変える技術を、私たちはまだ十分に把握できていない。普及させることができていない。

「未知」を「既知」に変える方法、それは「科学の5段階法」だと考えている。「科学」というフレーズを耳にしたとたん、文系の自分には理解できない話が始まったか、と早とちりされる方がいるかもしれないが、ちょっと待ってほしい。というのも、これは赤ん坊が生まれながらに駆使している方法だからだ。

赤ちゃんにとって、生まれてきたこの世界は、未知なるものであふれている。何しろ、まだ言葉も分からないから、予備知識を持ちようがない。お母さんの語りかける言葉さえ、「未知」の状態。だから大人も赤ん坊に教えようがない。そんな中で、赤ん坊はどうやって言葉を憶えていくのか。

最初は、「マンマ」「ダーダー」といった喃語《なんご》しか口にできない赤ちゃん。母親はわが子の微妙なニュアンスの違いを見抜き、「こういうときはお腹が空いたのかな？」と仮説を立て、ミルクを用意するようになる。すると赤ちゃんのほうも、「こうした声を出すと、お母さんはミルクを持ってきてくれるかも」と〝仮説〟を立て、次第に意識的にそのように声を出すようになっていく。

身の回りで起きる現象に興味を持ち、「未知」を「既知」に変えていく作業の中で、教えられもせずに様々な技術をマスターしていく。このとき、赤ちゃんが行っていることは、次のような「科学の５段階法」そのものだ。

観察……お母さんがどんなときに「ミルク」だと思うのかをつぶさに観察する。
推論……お母さんは、ボクのこういう泣き声のときにミルクだと思うみたい。
仮説……ボクがこう声を出したら、お母さんは「ミルク」だと分かってくれるかも。
検証（実験）……ミルクほしいな、この声で泣くよ！分かってね！と試してみる。
考察……仮説通りにうまくいったか、うまくいかなかったらなぜなのか考える。

未知を既知に変える科学の5段階法

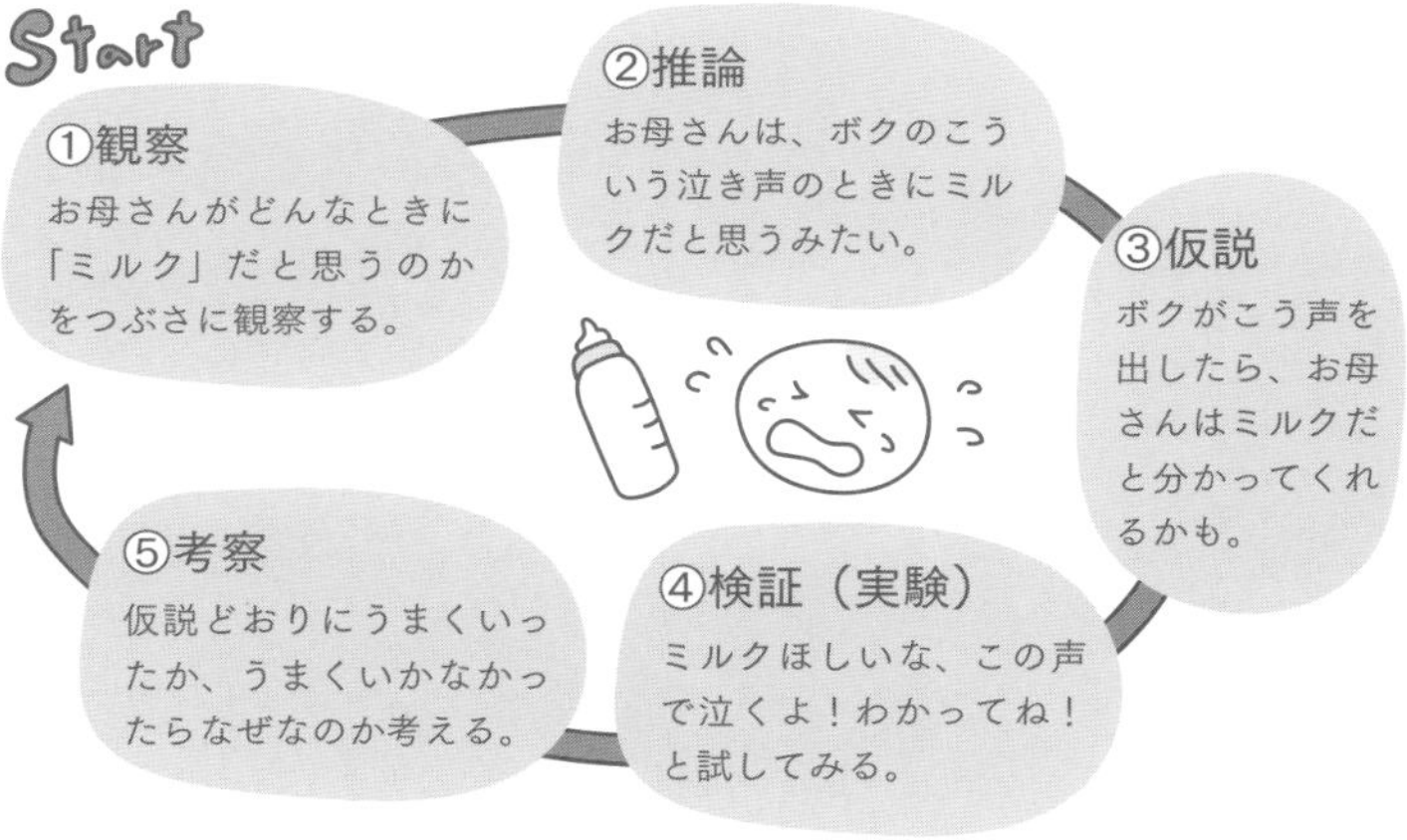
Start
①観察
お母さんがどんなときに「ミルク」だと思うのかをつぶさに観察する。
②推論
お母さんは、ボクのこういう泣き声のときにミルクだと思うみたい。
③仮説
ボクがこう声を出したら、お母さんはミルクだと分かってくれるかも。
④検証（実験）
ミルクほしいな、この声で泣くよ！わかってね！と試してみる。
⑤考察
仮説どおりにうまくいったか、うまくいかなかったらなぜなのか考える。

観察→推論→仮説→検証→考察。考察まで来たら、また1段階目の観察に戻る。これをグルグルと繰り返して、赤ちゃんは「未知」を「既知」に変える作業をしている。

「科学の5段階法」は恋愛、ビジネスでも効果的

この作業は、恋愛でも無意識に行われているものだ。大好きなあの子と親しくなりたい。だから、（気持ち悪がられない程度にこっそりと）観察する。すると、彼女は動物の話題でニコニコしていることに気がつく。「もしかしたらこの子、動物が好きなのかな?」と推論が働く。「動物の話題を振ったら興味を持ってくれるかも」とい

う仮説に思い至る。そこで話しかけるチャンスが来たら、動物の話題を振ってみる（検証）。仮説通り、動物の話で盛り上がった。けれど、ネコの話題は顔がくもった。「もしかしたら、ネコだけは嫌いなのかな？」と、次につながる考察をする。

次からは、ネコの話題をその子が避けているのかどうか、注意深く観察する……といったように、5段階法をグルグルと繰り返すことで、好きな子の特徴を把握していく。これにより、大好きな子の「未知」を「既知」へと変えていくことができる。

これは、ビジネスの場面でも活かせる。たとえば、「人気のカフェを開店したい」と企画したとしよう。まずは、人気店をたくさん訪問して「観察」する。そうする中で、人気店にはこうした秘訣があるのではないか、と「推論」が働く。

すると、「こうした店づくりをすれば人気店になるかも」という「仮説」が思い浮かぶ。その仮説が正しいかどうか、今度は不人気店にも足を運んでみる。「検証」してみると、仮説通りのすばらしい内装にもかかわらず、お客が少ない場合があることに気がつく。町

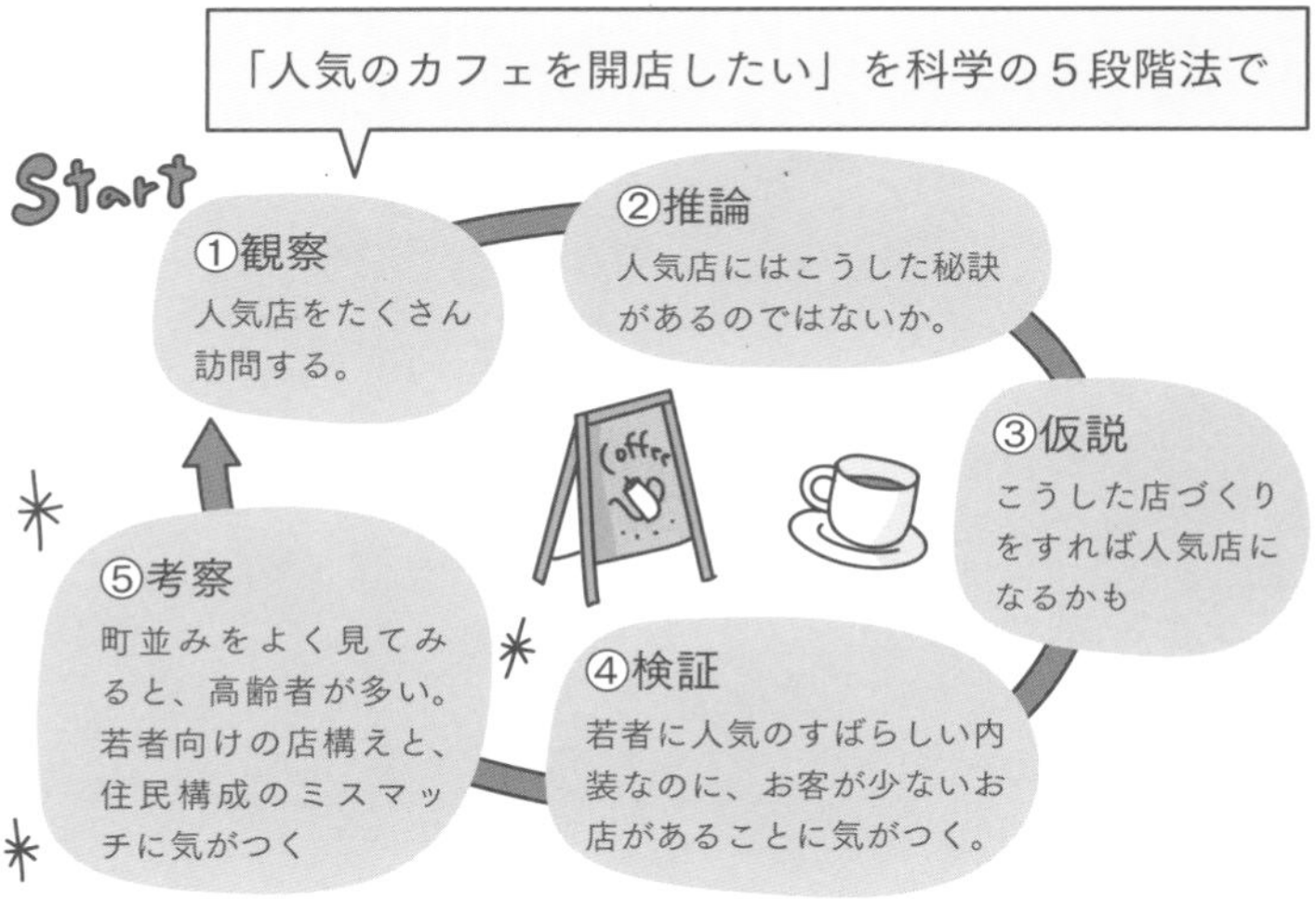
「人気のカフェを開店したい」を科学の５段階法で
Start
①観察
人気店をたくさん訪問する。
②推論
人気店にはこうした秘訣があるのではないか。
③仮説
こうした店づくりをすれば人気店になるかも
④検証
若者に人気のすばらしい内装なのに、お客が少ないお店があることに気がつく。
⑤考察
町並みをよく見てみると、高齢者が多い。若者向けの店構えと、住民構成のミスマッチに気がつく

並みをよく見てみると、高齢者が多い。若者向けの店構えと、住民構成のミスマッチに気がつく（「考察」）。今度は、立地も視点に加えた上で、観察してみる……。

このように科学の5段階法を繰り返し、次々に仮説を立てては検証を続け、仮説の精度を上げていく。お店を実際に構えてからも、科学の5段階法を繰り返し、よりよいお店づくりの改善を続けていく。

小学校入学以前の学習法を思い出そう

赤ちゃんが生まれながらに実践し、恋をしたときにも無自覚に実行している「科学

の5段階法」は、ビジネスにも通じるすばらしい方法だ。じつは、どんな子も小学校に入学するまでは「科学の5段階法」を無意識のうちに活用し、知識と技術をマスターしていく。

しかし小学校に入ったとたん、正しいとされる知識を丸暗記する作業に追われる。その教育が小・中・高と12年間も続けられるうちに、子どもは「科学の5段階法」を忘れてしまう。大学に入学し、ゼミや研究室に所属すると、久しぶりに「科学の5段階法」に再会し、「未知」と向き合うことになるが、あまりに久しぶり過ぎて、どう向き合ったらよいのか分からない人が多い。

しかし、何度も言うように「科学の5段階法」は、赤ちゃんが無意識のうちに実践している方法だ。私たちは、「未知」との向き合い方を本能的に知っている。正解を暗記することが習い性になってしまっていても、恐れることはない。**物事を虚心坦懐にじっくりと観察し、推論し、思い切った仮説を立て、それが妥当かどうかを検証し、その結果を考察する。それを繰り返していけば、「未知」と向き合い、解決していくことができる。**

どんな仕事でも、この「科学の5段階法」は有効だ。赤ん坊の頃の気持ちを思い出して、やってみてほしい。

POINT

「未知」を「既知」に変える科学の方法は、赤ちゃんが生まれながらに行っている。恋もビジネスも科学と同じ。「科学の5段階法」を意識して取り入れれば、未知のことに向き合うのも怖くない。むしろ楽しいことに変わる。

TIPS 14

教科書の「前提」「解釈」を問う

教科書的事実との正しい向き合い方

2018年のノーベル賞受賞の記者会見で、本庶佑《ほんじょたすく》氏が「人が言っていることや教科書に書いてあることをすべて信じてはいけない。『なぜか』と疑っていくことが大事だと思っている」という趣旨の発言をされて話題になった。筆者も似たような考えを持っている。ただ、もう少し言葉を補うほうがよいように思う。

教科書に書いてあることとは、昔の人が何度も何度も試して、同じ条件なら同じ結果が出るという「再現性」を確認した事実ばかりだ。それなのに、「いや、俺は教科書を信じない。別の結果が出るかもしれないじゃないか!?」と疑っていたら、キリがない。たとえば、リンゴが地面に向かって落ちることまで疑い直していたら、日常生活をやっていられない。新しいことを発見する前に、既知の「確認」だけで人生が終わってしまう。

では、教科書の内容に、どのように向き合ったらよいのだろうか。私は「前提を問う」でよいと思う。その具体例を紹介しよう。水素を燃やして走る燃料電池車というのがある。この自動車を走らせるには、水素をたくさん貯められるタンクが必要だ。

ところが厄介なことに、水素はあまりに小さ過ぎて、金属の板をも通過して外に抜けてしまう。しかも、金属の中に染み込んでもろくする「水素脆化《ぜいか》」という現象が起きる。これでは、水素タンクを作りたくても作れない。水素を大量に貯められるタンクが作れないため、燃料電池車の開発が滞り、研究者たちを悩ませていた。この水素脆化は、金属研究者の間では教科書的に知られていた事実だった。

ある大学の先生が、「金属に思いっきり水素を染み込ませたらどうなるのか、やってみよう」と思い立った。これまでの経験、知見からすれば、金属はどんどんもろくなるはずだ。ところが実験してみると、金属はもろくなるどころか、頑丈になった。しかも、水素が金属を通過しなくなった。どうやら中途半端な濃度の水素だと金属をもろくするけれど、「これでもか！」というほどに高濃度の水素を染み込ませると、スキマというスキマを埋めて金属を頑丈にし、水素が外へ抜け出る穴もふさいでしまうらしい。

前提が変わると結果も変わる

この事例から一つ分かることがある。教科書に書かれている「事実」には、「暗黙の前提条件」がある、ということだ。「水素脆化」では、「中途半端な濃度の水素にさらした場合」が暗黙の前提だった。しかしこれを覆し、「超高濃度の水素にさらした場合」と前提が変わると、結果が変わったわけだ。

冒頭の本庶氏の業績も、似たようなことが言える。本庶氏の研究以前は、「免疫療法はうまくいかない」とされていた。この事実の「前提」は、「免疫を強めようとする場合」だった。ところが本庶氏は、「免疫システムを止めるブレーキに注目した場合」と前提条件を変えてしまった。それにより、これまでの研究とはまったく異なる、すばらしい成果が出た。

教科書はイノベーションの宝庫

こうした事例は数多くある。たとえば、鉄。鉄は、空気や水にさらされると錆《さ》びやすいと教科書にも書かれている。しかし、純度が99・9996%という超高純度の鉄になると錆びなくなり、塩酸にも溶けなくなるという、とても非常識な結果となる。鉄は錆びやすいという教科書的事実には、「中途半端な純度の鉄の場合」という「前提条件」があったわけだ。これを覆し、「超高純度の鉄の場合」という別の「前提条件」に変えてしまうと、全然違う結果になる。

だからこそ、教科書はイノベーションの宝庫だ。教科書に書かれていることは、同じ前提条件に従うなら教科書通りの結果が出る。それはそのまま信じてよい事実だ。しかし、その「前提条件」を変えるとどうなるか？　教科書とは違う結果が出る。もし、「前提条件の変更」が、まだ誰も検討したことのないものだったら、しめたもの。まだ、誰も発見したことのない現象が起きる可能性がある。

私の身近なところでも、こんなことがあった。寒い寒い冬に、その人はたくさんの洗濯物を早く乾かしたくて、部屋に暖房をかけていた。ところがある人から、「早く乾かしたいなら、クーラーで冷やしたほうがよく乾くよ」とアドバイスされた。その人は憤慨しながら私に次のように言った。「中学校の理科の教科書にだって、飽和水蒸気量とかいって、気温が高いほど水蒸気をたくさん空気が抱えられるって習うじゃない。そんな常識も知らないなんて！」と、そのアドバイスにひどく反発。

しかし、私が「そのアドバイス、案外当たっているんじゃない？」と答えると、その人は目を丸くして驚いた。「ほら、確かに暖房をかけて暖めたほうが空気は水蒸気をたくさん抱えられるけれど、水蒸気が部屋の外に出ることはないよね。でも、クーラーは機械の中で結露した水を屋外に排出するから、部屋の水分は確実に減っていくよ」と説明すると、納得できたようだった。結局、その人が信じていた教科書的事実は、「部屋から水分を一切出さない場合」という「前提条件」を守るなら正しい。しかし、「部屋の外に水分を吐き出す仕組みが働く場合」、クーラーで冷やしたほうが確実に早く乾く。前提条件が変わると、結果が変わるよい事例だ。

教科書に書かれていることや、常識として信じられている事柄は、暗黙のうちに設定されている「前提条件」を受け入れるなら、そのまま信じてよい。ただし、その先に進むためには、「前提条件を変更してみたらどうなるか」を考えてみよう。誰も見たことのない新現象を発見することができるかもしれない。

教科書はあくまで仮説の集合体

もう一つ重要なことを指摘しておかなければならない。教科書は、じつは「仮説の集合体」ということだ。たとえば、激しい運動をすると筋肉に乳酸がたまる。そのときは疲労感が強いから、乳酸こそが疲労物質だと長らく信じられてきた。しかしその後、研究が進んで、乳酸はむしろ疲労を癒すための物質ではないか、と指摘されるようになった。

事実をどう解釈するか

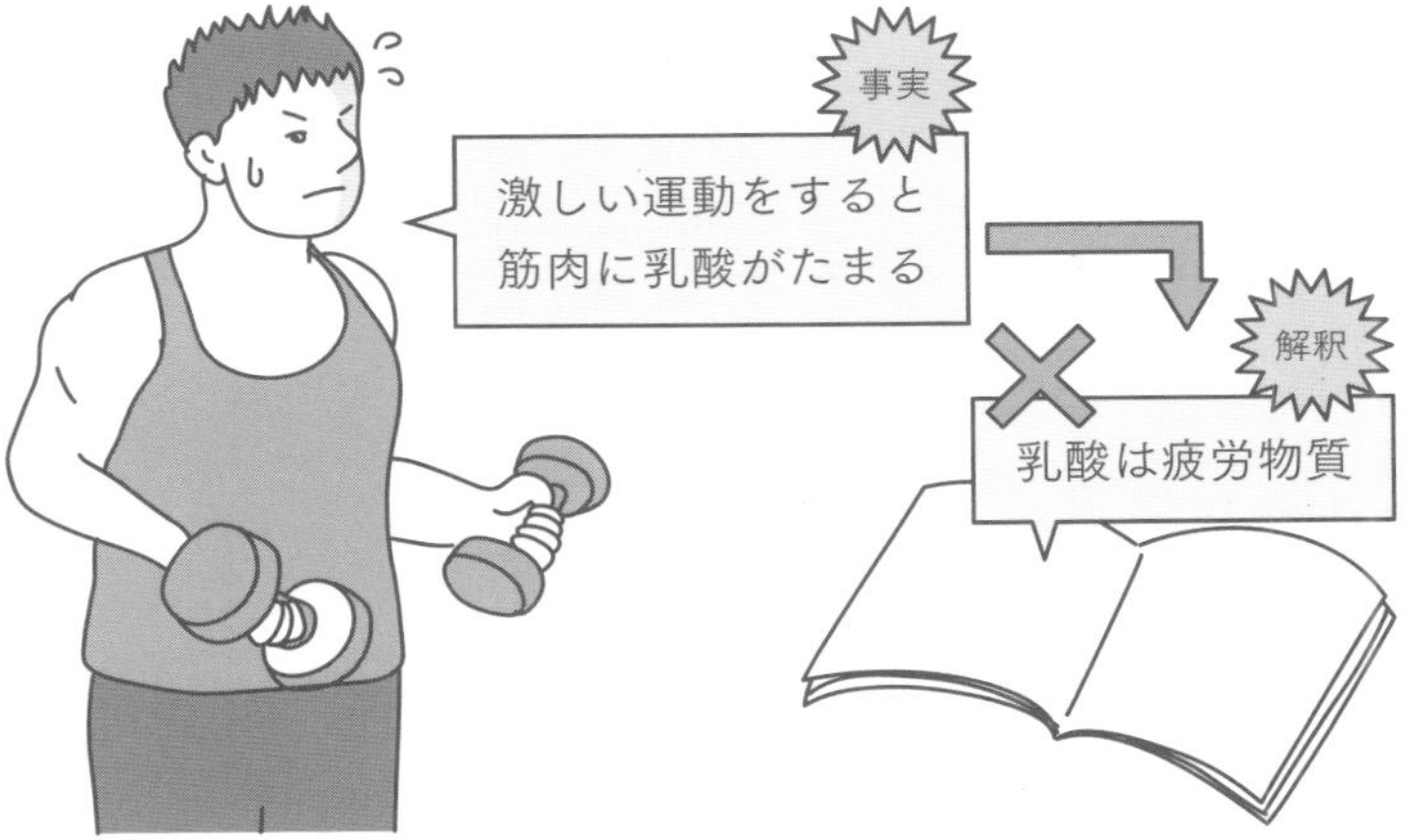
事実
激しい運動をすると
筋肉に乳酸がたまる
解釈
乳酸は疲労物質

教科書に書いてあることは、だいたい事実だ。しかし、その事実をどう解釈するかについては、判断を誤ることが多い。激しい運動をして疲労感が強いときに、筋肉に乳酸がたまっていることは「事実」だが、「乳酸が疲労物質」と決めつけるのは誤った「解釈」だ。**「事実」はデータがあるから疑う必要はないが、「解釈」はしばしば誤るから気をつける必要がある。**

これは逆に言えば、教科書の「解釈」に注目すればイノベーションの踏み台にできる可能性があることを意味する。そこで述べられている「解釈」を「本当にそうか?」と、あらためて吟味し直してみると、教科書にない結果が生まれてくる可能性がある。しかも、教科書は、ほとんどの人が正しいと認めているものだから、まだ誰も気づいていない可能性が高い。そこに、新しいイノベーションの芽が生まれる。

教科書はイノベーションの対極にあると考えられがちだが、私はむしろ、こんなに裏返しにイノベーションを胚胎《はいたい》しているものもない、と考える。書かれている通りに教科書を理解するというのでは面白くない。「暗黙の前提条件」は何だろう？ それを変更したらどうなるだろう？ この「解釈」は妥当か？ と問いながら読んでみると、教科書はじつに面白いものだと思う。

POINT

教科書には、前提条件が同じなら、必ず起きると期待される現象が紹介されている。ならば、その「前提条件」を変えてしまえば新現象に出くわす可能性が高くなる。また、そこにある「事実」の「解釈」次第で、新しいイノベーションの芽が生まれる。

TIPS 15

ローテクこそが画期的な成果を胚胎する

「根幹」の上に「枝葉」は茂る

新聞やテレビで、「最先端の研究」という表現を目にすると、皮肉屋の私は「最先端ということは枝葉末節ということなのかな?」なんて思ったりする。物事の〝根幹〟と言われるように、樹木で最も大切な組織は根であり、幹だ。葉先は、なんなら切り落としてもまた再生するので、樹木が枯れるには至らない。「最先端の研究」は、過去の素朴で単純な発見が根となり幹となって、大きな樹木に育った、その末端に過ぎないとも言える。

もちろん末端の葉っぱだって光合成をする役目があるように、枝葉末節も非常に重要だ。ただ、**イノベーションを創造するという視点に立つとき、まずは〝根幹〟こそが大切**なのは言うまでもない。根幹がしっかりしていなければ、豊かな枝葉が茂るはずもない。そしてその根幹は「ハイテク」ではなく、意外に「ローテク」なことが多い。

ノーベル賞もローテクからのスタート

ノーベル賞を受賞した大隅良典《おおすみよしのり》氏の研究は、もとはと言えば酵母の顕微鏡観察から始まったという。それがその後、オートファジーという現象で、アルツハイマー病やパーキンソン病などの病気の原因につながっていることが分かり、ノーベル賞を受賞するに至った。今では糖尿病や痛風、クローン病など様々な病気に関わる現象だと分かっている。今や、大隅氏の研究がいかに偉大な「根幹」であったかを「最先端」の研究が証明している。その「根幹」は、顕微鏡観察という意外なほどの「ローテク」から始まったものだ。

筆者の同僚で、光触媒という技術を開発

した研究者がいる。光触媒は、藤嶋昭氏が発見した酸化チタンが有名だが、同僚の開発した光触媒は、なんとコーヒー滓と鉄だけで製造するというローテクもの。しかも、酸化チタンは紫外線にだけ光触媒の効果を示すが、その「コーヒー鉄」は、可視光（目に見える光）でも光触媒として働き、殺菌や分解作用を示す。

おそらく今後、非常に単純に見えるこの技術から大きな「枝葉」が茂るだろう。コーヒーの何の成分が役立つのか？ 鉄がなぜ光触媒として働くのか？ きっと、一大分野が形成されるに違いない。しかし最初は、「コーヒー滓に鉄を混ぜてみた」という非常にシンプルなローテクだった。

「最先端」の研究では、高価な機材と試薬を大量に用いる。専門知識が必要なハイテクとなり、データを細かく取る。しかし、一大産業を形成したり、一大分野を切り拓いたりする研究は、誕生時にはしばしばローテクだ。しかも、そのほうがのちのちに画期的で多種多様な製品が生み出される可能性が高い。

画期的なイノベーションを起こしたいのなら、むしろローテクを重視したほうがよい。イノベーションは必ずしもハイテクとは限らないということは、どの世界に身を置く人でも、ぜひ頭に入れておいていただきたい。

POINT

イノベーションは「最先端の研究」から生まれると誤解されがち。しかし、最先端は「枝葉末節」で、持続的イノベーションの一つでしかない。既存技術を根底から覆す破壊的イノベーションは、ローテクから生まれることが多い。

TIPS 16

「細心大胆」より「大胆細心」

最初から緻密より、ザックリがいい

「細心大胆」という言葉がある。日清の創業者、安藤百福《あんどうももふく》氏のモットーとして有名だ。京セラの創業者、稲盛和夫氏も「大胆にして細心であれ」とおっしゃっているらしい。「細心」と「大胆」のどちらかに順序をつけるとすれば、私は「大胆」を最初の作業、「細心」は次の工程に持っていくべきだと考えている。

研究者の中には、最初に緻密な研究計画を立てる人がいる。これだけの種類の試験を施せば、どんな現象が起きても見逃すことはない、というほどのとても網羅的な計画だ。ところが、いざ実行してみると業務量が膨大で、やり通すのに四苦八苦。疲れ切ってしまって、経過観察するゆとりもない。しかも、想定通りの条件が整わないと結果が揺らぐので、ちょっとした環境変動でわけが分からなくなってしまう。研究が終了したときには燃え尽きて、「頑張ったけど、何が起きたのかよく分かりませんでした」という結論を出す人を何人も見てきた。現象の一つひとつに目配りする余裕が失われ、「もう二度と同じ実験をしたくない」と嫌悪感に囚われて、せっかくのデータをムダにしていた。

これとは逆にある研究者は、「大胆」というか非常にザックリとした予備実験をする。本来、実験科学では反復を取るのが重要だ。たった一つの試験だと偶然うまくいっただけかもしれないので、同じ処理を少なくとも三つは用意して、全体的にうまくいけば「再現性が高い現象」だと判定することができる。

しかし、その研究者のザックリ実験（予備試験）では、労力を極力減らすため、最初の段階ではあえて反復を取らなかったりする。その代わり、目を皿のようにして経過を仔細に観察する。舐めつくすように、しゃぶりつくすように。予想通りの結果だけでなく、予想外の結果の試験区も眺めつすがめつ、切ったり焼いたり砕いたり。すべての試験区を「これでもか」というほど事細かに観察する。すると、「こういう処理ならこういう現象が起きるらしい」というアタリがつく。次は打って変わって反復をしっかり取り、精密に実験

まずは大胆、あとで細心に

とりあえず
ザックリ
やってみよう
なるほど、
この処理だと
この現象が
起こるのか

をやり直す。つまり「細心」だ。

最初に大胆に、ザックリと挑戦してみる。それで労力を減らし、経過を丁寧に観察する余力を確保する。それでアタリをつけてから、細心に条件を設定する。この順序で行うと、新現象を見逃す恐れが小さくなる。何しろ、ザックリとしか試験していないので余裕がある。だから、経過を丁寧に観察し、結果をしゃぶりつくすように吟味する余裕を確保できる。

それにより、観察から新現象の端緒を見出すことができる。しばしば、失敗事例から新たな発見をする。いや、むしろ失敗からこそ。それからあらためて、見出した新現象にフォーカスし、緻密で細心な実験計画を立てれば、アタリをつけた上で進めているから、新現象が際立つような条件で試験が組みやすい。成果をほぼ確実に出すことができる。

心が萎縮したらイノベーションにつながらない

じつは、幼児は「大胆細心」によって未知の現象を知りつくそうとする。一見、乱暴に見えるようなやり方で現象を大づかみし、それから緻密に仔細に、様々なインプットをする（触る、転がす、かじる等）ことで、その事物が何ものかを細かく把握する。

最初に「細心になりなさい」と言うと、心が萎縮してしまう。萎縮してしまうと、大胆なことができなくなってしまう。大胆なことができなければ、新しい発見にたどり着く前に、細かいことで心が疲れ切ってしまう。

スマホの操作を例に考えてみるとよい。大人は、下手なことをして壊れたらどうしよう、

先に細心になると、大胆にはなれない

と思っておそるおそる触る。いちいち「これ、どうしたらいいの？」と先に進まないから、なかなか操作方法を覚えられない。

ところが子どもは、壊れることなんか気にしていない。「これを押したらどうなるだろう？」という純粋な興味で大胆にいじり倒すから、大人が触ってみたこともない階層のところまで操作する。そうした大胆な試みを通じて、次第に指一本で画面を切り替えたり、映像を拡大したりする方法をマスターしてしまう。緻密な操作もいつの間にか身につけている。

「壊れるかもしれない」と先に細心になっ

てしまうと、もはや大胆になることはできない。まずは「壊れてもしゃーない（仕方ない）」と思って、大胆に扱ってみる。その代わり、何が起きるのか、経過を緻密に仔細に観察する。すると、大胆な操作の中でも多くのことを学び取り、細かいことにも気がつくようになる。それにより、あたかも「細心」であるかのように、隅々まで現象を理解できるようになる。

「細心大胆」ではなく、「大胆細心」に。いや、もうちょっと精確に言い換えると、「大胆観察」になるだろうか。**大胆に振る舞うことで、観察する余裕を確保する。それにより、現象の観察を緻密にする。それが、新現象を発見することを容易にする。**それは、ビジネスチャンスを見出すための調査研究などにも通じるだろう。

POINT

新しい現象の発見には、検討が細心過ぎてはダメ。まずはザックリ粗雑に取り組んでみて、観察は丁寧に細かく。その後に検討を緻密に行えば、新しいことを容易に発見することができる。「大胆細心」の順序が大切。

TIPS 17

「知っていること」と「知らないこと」をはっきり区別する

「知る」「知らない」の境界線を自覚しよう

創造的な仕事をする上で、不可欠で重要な作業。それは、「知る」と「知らない」の境界線を明確に自覚することだ。この境界線があいまいなままだと、何を知ろうとしているのかさえ分からなくなってしまう。たとえば、風呂場にある鏡が湯気でくもることは、誰でも知っている身近な現象だ。しかし、あなたはこの現象のどこまでを「知る」とし、どこからを「知らない」としているだろうか。

鏡のくもりを拡大すると、水滴が等間隔に離れていることが分かる。でもなぜ、等間隔なのだろう？ まるで、京都・鴨川の三条大橋から眺めると、カップルが等間隔で並んでいる様子とそっくり。空気中の水蒸気が、水滴と水滴の間に別の水滴を作り、両者をくっつけて規則性を壊してもよさそうなのに、なぜかそうならない。しかも不思議なことに、水滴の大きさはどれも同じサイズで成長していく。なぜそうなるのか？　理由を、私たちは本当に知っているだろうか？

このように非常に身近な現象でも、「知る」と「知らない」の境界線を突き詰めると、巨大な「知らない」が横たわっている。その境目が明確になれば、その境界線を少し前に進めて、「知る」に変えてみるとよい。すると、そこにはイノベーションが起きる。

「之《これ》を知るを之を知ると為し、知らざるを知らずと為す。是《こ》れ知るなり」とは、『論語』の言葉だ。なるほど、その通りだと思う。「知る」と「知らない」の境界線を明確に自覚すると、自然と私たちは「知る」の境界線を押し広げたくなる。どうしたら「知らない」を「知る」に変えることができるのか、試したくなる。

イノベーションとは、「知らない」を「知る」に変え、「できない」を「できる」に変える作業だと言える。しかし、「創造的な仕事をしろ」と命じられたところで、いったいどこからどう始めたらよいのか、途方に暮れる人が多いだろう。そんなときは、**知っているつも**

之を知るを之を知ると為し、知らざるを知らずと為す。是れ知るなり

りのことを仔細に観察し、「知る」と「知らない」の境界線がどこにあるのか、突き詰めてみるとよい。たったそれだけのことで、イノベーションを起こすべき課題が見えてくる。

たとえば、私の最大の関心事の一つに子育てがある。子育てでは、「愛情深く育てることが大切」という一種の〝神話〟がある。しかし、このフレーズに酔ってしまって、「愛情」とは何かを突き詰めて考えてみないと、失敗してしまう。「愛情」について分かった気になっていたけれど、突き詰めてみると分からないことだらけなのに気がつく。愛情深く育ててうまくいったケースがあるかと思えば、愛情深かったのに苦労するケースもある。そ

「優しさ」と「厳しさ」のマインドマップ

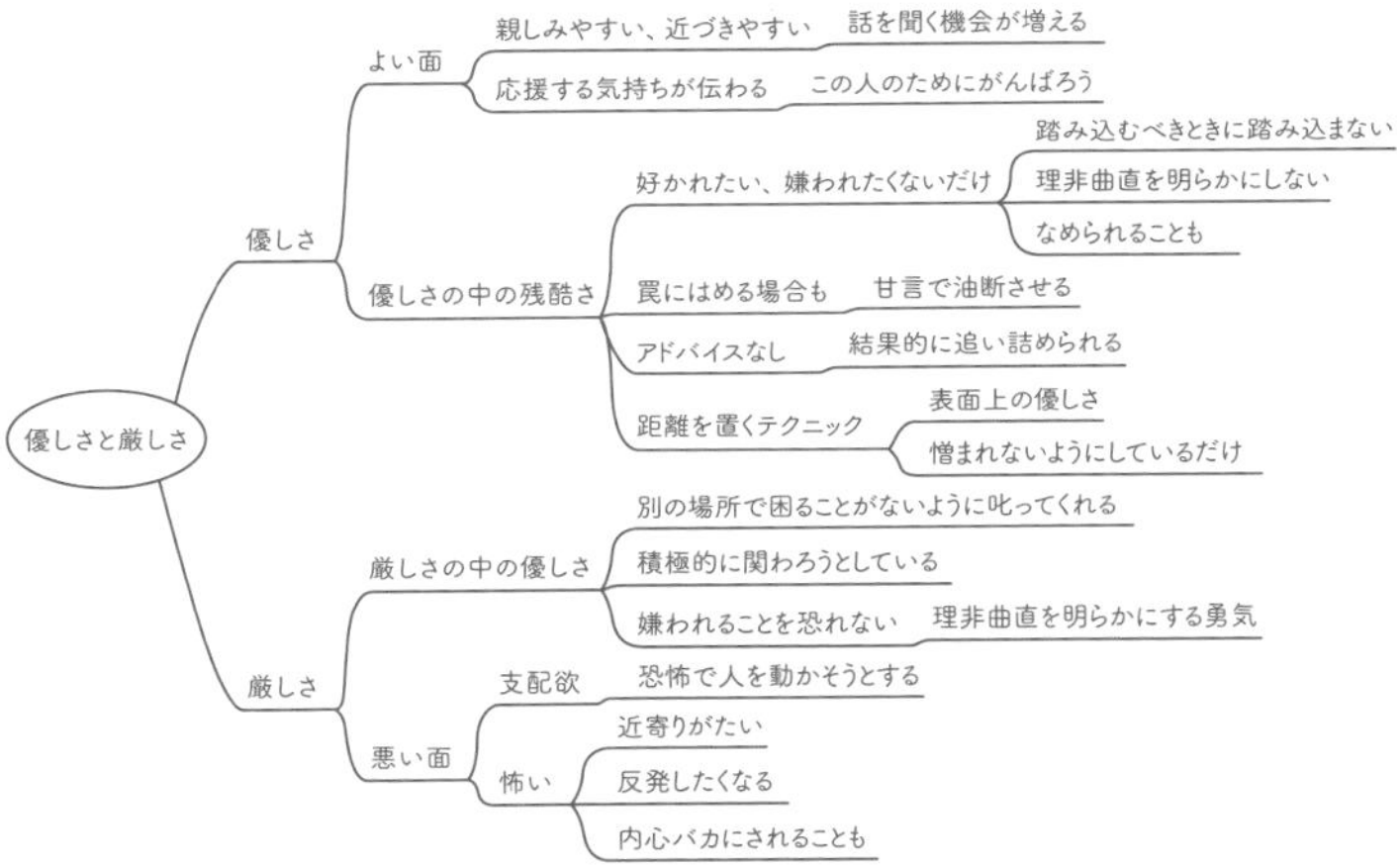

の違いは何なのか？ 突き詰めて考えてみると、いろんなことが見えてくる。

マインドマップで あいまいな知識を明確に

「知る」と「知らない」の境界線を明確にするのに、マインドマップという手法が役に立つ。マインドマップは、一つのキーワードから連想することを次々に吐き出して、頭の中を可視化するのに便利なものだ。以前に、矛盾していると捉えられがちな「優しさと厳しさ」というキーワードをもとに、マインドマップを書いてみたことがある。

　すると、厳しさの中に優しさを感じたり、優しいと見えることがかえって相手を追い詰める残酷さに見えてきたり、優しさに自分が好かれたいという欲望が隠れていたり、厳しさの背後に相手を恐怖で支配したいという欲望があったり、分かった気になっていたフレーズの中に「知らない」がたくさんあることに気がついた。

この作業を続けていくと、「知る」を一つずつ増やしていくことも可能になる。マインドマップは、分かった気になっていたあいまいな知識の輪郭を明確にし、「知る」と「知らない」の境界を明らかにする有力な方法だ。身の回りのすべての事柄についてマインドマップを利用し、「知る」と「知らない」の境界線を明確にするように努めれば、私たちの日常は創造のタネで囲まれた、興味深い世界に変わるだろう。

POINT

「知る」と「知らない」の境界線があいまいだと、何をやっても分かっていることのような気がしたり、何も分からないままのような気がしたりして、ムダになる。「知る」と「知らない」の境界線を明確にしてこそ、「知る」の領域を広げることができる。

TIPS 18

「実験科学」と「観察科学」を使い分ける

作法の異なる三つの科学

科学には、作法の異なる三つの科学があると筆者は考えている。実験科学、観察科学、理論科学だ。このことは、ビジネスの世界でももっと自覚されてよいと思う。一つひとつ見ていこう。

工学系やバイオなどの研究は、「実験科学」になる。実験で検証を重ね、新現象を把握し、新技術開発につなげていく。科学の中で、最も産業に近い分野が、これにあたるだろう。まれに、実験科学こそ科学だと信じている人の中には、実験できないものは科学じゃないと考える人がいる。だが、恐竜が1億年かけて化石になる様子は実験できないし、地球をもう一つ作ることもできないように、実験したくてもできない分野はある。

このような実験できない分野では、「観察」が活きる。それが、二つめの「観察科学」だ。惑星科学や古生物学、宇宙物理では、対象が大き過ぎたり時間軸が長過ぎたりして実験できないので、観察するしかない。たとえば、地層から取り出した石ころ一つを仔細に観察し、それがサンゴの化石なら、「ここは古代、暖かな海だった」という大胆な仮説を紡ぐ。

一つの石ころからだけでなく、他の石ころからも仮説を紡ぎ、仮説と仮説を戦わせる。そして、両方の石ころを上手に説明できる新しい仮説を紡ぎ直す作業を繰り返す。こうして〝仮説の生き残り競争〟を繰り広げることで、より精度の高い仮説へと磨き上げていく。この「観察科学」の手法は、教育やビジネスではかなり有効だ。それらの分野では「実験」したくても、子どもに指導力のない教師をあてがったり、儲からない場所に店舗を構えたりといった、実験科学で必須の対照実験を用意するわけにはいかない。

そういう場合こそ、「観察科学」の出番だ。114ページで紹介した「人気のカフェを開店したい」と同じように、成功例をたくさん「観察」して紡がれた「仮説」を、今度は流行らないカフェの「観察」結果で検証する。観察しては仮説を立て、別の観察結果で検証。

作法の異なる三つの科学

実験科学

実験で検証を重ね、新現象を把握し、新技術開発につなげる。

観察科学

観察しては仮説を立て、別の観察結果で検証することで、信頼性の高い「仮説」をあぶり出す。

理論科学

数学や理論物理のように、正しいとされる理論から論理を伸ばして新たな理論を構築する。

こうして、信頼性の高い、流行るカフェの条件を網羅した「仮説」をあぶり出していく。

筆者は農業研究者だが、同業者の中には有機農業のことを「宗教に近い、科学ではない」と言って否定的に捉える人が少なくなかった。というのも、有機農業は「実験科学」的に検証しづらいものだったからだ。たとえば、去年の堆肥《たいひ》と今年の堆肥では質が異なる。同じ条件で実験できないので、再現性（同じ条件を揃えれば、同じ結果が出ること）が全然取れない。このため、「実験科学こそが科学」と考える人は、有機農業は科学たり得ない、とみなすことも多かった。

おそらく、有機農業は「観察科学」が向いている分野だろう。毎年めまぐるしく気候が変わっても、「こういう条件のときは、こういうことが起きるようだ」という仮説を立ててみる。別の農家で同じ処理なのに違う結果が出ているなら、両者の現象を説明できる新しい仮説を紡いでみる。その繰り返しから、仮説の精度を上げていくことが可能だろう。

この際、「反証可能性」が大切になる。どんな理論にも絶対はない。すべての理論は、「もしかしたらこうかもしれない」という仮説でしかない。だから、仮説が間違っていたと認める「反証」が、科学では必要だとされている。何が何でも絶対正しいと主張するのは、もはや科学ではない。**間違いを素直に認め、仮説を紡ぎ直してバージョンアップする。これが科学の適切なあり方だと言えるし、それはビジネスにも言える**だろう。

現実社会で使いづらい理論科学

最後に三つめの作法として、「理論科学」がある。これは数学や理論物理のように、正しいとされる理論から論理を伸ばしていって、新たな理論を構築するやり方だ。ビジネスに近くて理論科学に最も似ているのは、経済学だろう。経済学では、数式を駆使した理論科学のような経済理論がたくさんあるようだ。ただ、科学のあり方から考えると、慎重さが必要に思われる。

たとえば、昔の経済理論は「人間は物欲の塊である」という前提を置いて理論を構築していた。しかし、人間がそんな単純な生き物ではないことは、行動経済学などが次第に明らかにしている。行動経済学やゲーム理論といった新しい経済学は「理論科学」のフリをやめ、「実験科学」や「観察科学」の作法を取り入れているものが多い。「理論科学」は、直観に反する仮説を打ち出せるという強力な面もあるのだが、「実験科学」や「観察科学」で理論を検証し直す謙虚さも一方で必要となる。

理論科学をマネると、論理にスジが通って見えるので、ついつい正しいと考えてしまう。しかし千変万化する現実社会では、理論科学を適用できる場面はさほど多くない。**実験科学か観察科学を駆使することが、「知らない」を「知る」に変え、「できない」を「できる」に変える実際的な力になる**ように思う。

POINT

科学の方法は、未知のことに取り組むのに強力だが、作法が微妙に異なる。「実験科学」と「観察科学」の二つの作法をうまく組み合わせて、課題解決に役立ててほしい。

CHAPTER 4

「ズレ」によるイノベーション

正確さ、正しさを求めると、正確なコピーを生み出すだけで、新しいものは生み出されない。新しいものを生み出すためには、あえて「ズレ」を許容する、あるいは積極的に利用する心構えが必要だ。

TIPS 19

あえて異分野の知識を混同する

分別を弁えない

「分別のある大人になりなさい」とよく言われる。しかし、分別がつき過ぎるとイノベーションの阻害要因になってしまう。なぜなら、人間が創造力を発揮できるのは、「混同力」にあるように思えるからだ。

昔、イヌやネコを飼っていた頃、イヌにはイヌ、ネコにはネコの実物大の写真を見せるようにしていた。しかしどのイヌネコでも、何らかの反応を示すものはいなかった。実物のイヌ、ネコを見たら、100メートル離れていても敏感に反応して、威嚇《いかく》したりするのに。どうやら、動物は2次元の写真を色分けされた「模様」としか思わないようだ。

ところが人間は、点と線でしかないイラストでも、1歳の幼児でさえ「わらってる!」

分別を弁えない力

とか「わんわん！」と言ったりする。ひどく単純な線のイラストでも、イヌやネコ、人間だと感得することができる。これは非常に奇妙な能力だ。2次元で描いた「模様」でしかないものを、3次元の物体だと認知するのだから。ある意味、2次元のものを3次元のものとして〝混同〟できるから、こうした認識が成立するのだろう。

むしろ〝分別〟がしっかりしているのは、イヌ、ネコのほうだ。3次元の事物を2次元に置き換えて理解するなんて絶対にしない。2次元の模様を3次元の立体に置き換える「混同力」は、人間が絵画や文字を発明するのに、重要な役割を果たしたように思える。

この「混同力」は、「比喩」を成立させる力でもある。たとえば、本書はみなさんが創造的な仕事をするのに役立ちそうなことを提案するため、比喩を多用している。なぜなら、千差万別の読者のみなさんに完全にピタッと当てはまるシチュエーションをすべて示すのは不可能だからだ。

それでも本書が役立つとすれば、それは読者が「比喩」として理解し、「自分のケースなら、こう理解すればよいのではないか」と、適度に〝混同〟してもらえるから応用が利くわけだ。まったく異分野の話を、自分の分野と引き比べて参考にできるのは、「混同力」があってこそと言えるだろう。

もし比喩を許さず、分別をきちんと弁えてしまったら、「それはその場面にだけ適用できる話。自分のケースには当てはまらない」と思考停止してしまう。確かに、他人の経験とまったく同じということはあり得ない。しかし、アドバイスが成り立つのは、似たような条件をあえて〝混同〟することにより、少々の違いを乗り越えるからだ。

混同力を磨こう

混同はしばしば、勘違いを生む。しかし、勘違いして理解したがゆえに、その分野ではまだ適用されたことのないアイディアが持ち込まれ、イノベーションを起こすきっかけとなることがある。

たとえば筆者は、「クオルモン」という、バクテリアの情報伝達物質の研究をしていた。これはもともと別の研究者が、ミミイカという小さなイカの発光現象を研究し、共生するバクテリアがクオルモンを信号（情報伝達物質）として感知すると光ることを明らかにしていた。

そこで思考停止してしまったら「ふ〜ん」で終わる。しかし、筆者を含め世界中の研究者が、「もしかしたら病原菌にも同じ仕組みが備わっているかも？」と〝混同〟した。あえての混同に従って研究してみると、病原菌にも同じ仕組みがあり、クオルモンという物質を分解すると、病原菌なのに毒素を作れなくなることが明らかになった。イカが光るこ

混同力を磨こう

イノベーションは
異分野と異分野の出会いに
よって生まれる
ヨーゼフ・シュンペーター

とと、病原菌の話をあえて〝混同〟したからこそ、病気を治す研究にまで拡張できた例だ。

ノーベル賞を受賞した大隅良典氏の業績は、酵母という微生物の研究で成し遂げられた。酵母と人間は、あまりに違い過ぎる生き物だ。しかし、人にも同じ仕組みがあるのではないかと〝混同〟してみたことで、アルツハイマー病などの病気につながる重要な現象であることが明らかとなった。

「分別」は確かに重要だ。科学的事実は、明確に区別して理解する必要があるのだから。しかし、創造的な仕事をしようとする場合は、意識的に「混同する力」が必要だ。その分野でまだ〝混同〟する人がいなかったのなら、あえて〝混同〟してみよう。その世界では、まったく新しい試みとなるだろう。

イノベーション理論の提唱者、ヨーゼフ・シュンペーターによると、イノベーションは異分野と異分野の出会いによって生まれる、という。そう、**異分野の知識を、あえて別の分野に〝混同〟してみせることが新たな発見を促す**ことを、シュンペーターも指摘しているわけだ。なのに、変に分別を働かせて、「別の分野の話を持ち込むな！」では、イノベーションの邪魔をしているようなものだ。新しいものを生み出そうというときは、あえて「混同力」を許容するようにしてみよう。

POINT

「概念」（おおむねの考え方）という言葉が示すように、人間は全然違うもの同士を「似ている」と〝混同〟することで、異分野の発想を別の分野に持ち込める能力を持つ。変に分別せず、意識的に〝混同〟することでイノベーションの芽を増やそう。

TIPS 20

誤解は発明の母

不正確な知識がコンタクトレンズを生んだ

菓子メーカーに就職希望の学生が一人いて、みんなでそれをネタに話し始めた。

「どこの会社が希望？」

「ポテトチップスの会社です」

「みんなで商品企画を考えようぜ」

「ポテチを食べるときの気分は……」

「飲み物がほしいね。抱き合わせ販売したらいいかな」

「コンビニならどっちも買えるよ」

「飲み物と一緒に買えない場所ってあるかな」

「ポテチがある店には飲み物も必ずあるなあ」

「自販機は飲み物しかない。自販機でポテチを売るのは？」

「ポテチの袋は自販機だと、落ちてこないんじゃないかな」
「ジュースの缶と同じ容器に詰めたら？」
「おお！それならどこの自販機でも売れるね。ツマミにもなるし」

結局、その学生は別の企業に就職したのだが、「どこの自販機でも販売可能な、ジュース缶と同型容器に詰めたポテチ」はまだないようだ（どこかやってみないだろうか？）。私は、こうした〝茶飲み話〟を学生や同僚と積極的に楽しむようにしている。「こんなのはどう？」という思いつきを面白がって話し合ううちに、思いもかけないアイディアが生まれる。そんな経験は、みなさんの中にも一つや二つあるだろう。

64ページでは、「こんにゃく問答」を紹介し、相手への敬意がイノベーションの契機になると述べた。もう一つの側面を指摘するなら、「こんにゃく問答」は誤解が生んだイノベーションでもある。その具体例として典型的なのが、コンタクトレンズの誕生秘話だ。

欧米にコンタクトレンズというものがある、と聞いた眼鏡屋の主人。それを持っている

誤解から生まれた瞳サイズのコンタクトレンズ

という外国人が来店したものの、頼み込んでも実物を見せてもらえなかった。やむなく、自分で作ってみることに。試行錯誤の結果できたのは、瞳サイズの小さなレンズ。

今でこそ瞳サイズのコンタクトレンズが市場を席巻しているが、当時欧米で普及していたのは、眼球全体を覆う巨大なガラスで、装着に大変苦労するものだった。欧米のコンタクトレンズを誤解したからこそ、瞳サイズのものを開発することができた。もし眼鏡屋の主人が実物を見ていたら、イノベーションは起きなかったかもしれない。「小さなレンズだと目の裏に入ったら危ないから大きくしているんだな」と勝手に納得し、瞳サイズのものを試作する気にもならなかった可能性がある。

知らなかったからこそ誤解し、誤解があったからこそ先入観を持たずに試作に取り組め、イノベーションを起こすことができた。「正確な情報」は正確だからこそ、イノベーションを阻害することがある。別のことをやってみる勇気が失われてしまう。

しかし**正確な知識がなく、誤解したまま挑戦してみると、イノベーションに発展することがある。**まさに「誤解は発明の母」だ。誤解をむやみに正すと、イノベーションは窒息してしまう。意識的に誤解を利用するのも、イノベーションのコツの一つだ。

じつは、「誤解は発明の母」というフレーズは、NHKの番組『妄想ニホン料理』のオープニングで出てくる言葉だ。たとえば「親子丼」の回では、「1．食材が親と子」「2．ごはんの上に何かをのせる料理」「3．できあがりはトロトロ」という、あいまいな情報だけを与え、各国の料理人に自分なりの料理を作ってもらう。わざと「誤解」が生じるようにして、新しい料理が生まれるのを促す大変面白い番組だ。実際、誰もそれまでに思いつかなさそうな料理が次々と生まれた。「誤解は発明の母」というのは、言い得て妙だ。

本場を凌駕するウソがマコトになる力

ジャレド・ダイヤモンド著『銃・病原菌・鉄』には、興味深いエピソードが紹介されている。西欧の十字軍は中東を攻めたとき、イスラムの人々が使用した大砲にたいそう驚いた。強い印象を受けた西欧の人々は、戻ってから大砲の開発をずっと続けた。ところが、先行して大砲を作った中東では、大して進歩しなかった。

一方、その威力に衝撃を受けた西欧人は、「あっちで射程距離の長い大砲が開発されたらしい」と聞けば、それに負けるものかと別の地域の人が改良を重ね、進化が著しかった。「大砲ってスゲー！」と〝誤解〟したままの西欧が、その後、大砲をどんどん発展させ、ついに世界を支配する軍事力につながっていった。

「ウソがマコトになる」という言葉があるが、本場のものを〝誤解〟することで、本場を凌駕《りょうが》することはままある。中国料理だったラーメンや餃子が、インド料理だったカレーが日本で独自に発展し、本国にないバラエティーを生み出したのも、ある意味〝誤解〟の力かもしれない。

POINT

知識を正確に伝えようとすると、劣化コピーしか生まれない。知識がずれて伝わる、誤解されて伝わることで、今までにない発想が混入する。

TIPS 21

哲学者・思想家から「常識の破り方」を学ぶ

知識人たちを勇気づけたエロ小説

哲学や思想って学校の授業で習うけれど、何のために学ぶのか分からないという人は多いように思う。かく言う私も分からなかった。ソクラテスは「無知の知」と言った。ふ〜ん。デカルトは「我思う、ゆえに我あり」と言った。ふ〜ん……それで？　それが何の役に立つの？　というのが、若い頃の実感だった。

ではなぜ、学校で教えるほど哲学者や思想家が重要なのか？　それは、当時の常識を破る斬新なアイディアを述べたからだ。当時は受け入れられなくても、やがて新時代の常識になっていった。固定観念を打ち破ったからこそ、歴史に名を残したのだ。問題は、授業でそういったことを教わらないことだ。

人々をキリスト教の呪縛から解放した『デカメロン』

あ、僧侶の悪口を
言ってもいいんだ
デカメロン

たとえば、世界史の教科書でも紹介されているボッカッチョの『デカメロン』という本がある。愉快なタイトルなので聞いたことがある人は多いだろうが、なぜ歴史に残ったのかご存知だろうか。それは、この本が〝命がけのエロ小説〟だからだ。

私が本屋で買い求めた、ちくま文庫の『デカメロン』は女性の下着姿が表紙で、手に取るのも恥ずかしかった。「なぜ、歴史に名を残す本がそんなカバーなの？」と不思議に思ったが、読んですぐに分かった。内容がエロエロなのだ。私はかつて、これほどエロい古典を読んだことがない。

ボッカッチョが生きた時代のヨーロッパは、キリスト教会が極めて強い権力を持っており、僧侶の悪口を言えば地獄に堕ちると信じられていた。だが、当時の僧侶たちは絶大な権力を背景に腐敗し切っていた。ボッカッチョはその堕落ぶりを、僧侶たちのエロスを描くことで暴いてみせた。

『デカメロン』は、「僧侶の悪口を言ってもいいんだ」と当時の知識人たちを勇気づけた。やがてこの勇気の伝播《でんぱ》が、ルネッサンスへと発展し、キリスト教の呪縛から人々を解放した。現代の合理主義の誕生に、ボッカッチョの〝命がけのエロ小説〟が大きく貢献したわけだ。

固定観念を破壊し、新時代を示した人たち

ボッカッチョと同様に、歴史に名を残した哲学者や思想家は、当時の常識を破壊し、新しい時代のあるべき姿を指し示す重要な役割を果たした。人々の思考を根本から変えたという意味では、アレクサンダー大王やナポレオンなどの英雄よりも影響は大きいと言える

かもしれない。だから歴史に名を残した。

ソクラテスは、問答することで新しい知を発見するという方法を確立した。それ以前は、「生まれつき頭のよい人」だけが知識を持つと信じられていた。誰が知識人になるかは、生まれながらの運でしかなかった。ところが、ソクラテスは「産婆術」と呼ぶ問答法によって、無知な者同士が問答し合うと互いに思考が深まり、どちらも知らなかった「知」を生み出せることを発見した。歴史を変えてしまったと言える。

プラトンは「国家をデザインする」という大胆な発想を示した。それ以前は、国家は人間の力でどうこうできるものとは思われていなかった。だが、プラトンは「理想の国家」を描いてみせ、「あ、国家って人の手でデザインしていいんだ」と思わせた。国家論がここから生まれる。

アリストテレスは「観察」という手法を生み出した。自然界に存在するものを丹念に観察して新たな発見をし、知識を増やしていく方法論を示した。それまでの人々は意識的に自然を観察し、そこから何かを学び取ることはあまりなかった。彼が意識化したと言ってよいだろう。

デカルトは「迷信を破壊する方法」を人々に教えた。すべてを疑え！ そして疑いようのない事実から出発して、思想を再構築せよ！『方法序説』で提案されたこの方法論は、キリスト教の呪縛から人々を解き放つ決定的な役割を果たした。これにより、人類は「合理主義の時代」に初めて突入する。

ルソーは「国民一人ひとりの意志が集まり、それが集約して国家の意思になる」という、その当時には想像もできない国家体制のアイディアを提案した。それまでの国家は支配者がいるのが当たり前だったが、ルソーは「民主主義」という国家があり得ることを示すことで、世界を変えてしまった。

哲学・思想を学ぶべきワケ

料金受取人払郵便

新宿局承認

6643

差出有効期間
2023年9月
30日まで

郵便はがき

1 6 3 - 8 7 9 1

9 9 9

（受取人）

日本郵便 新宿郵便局
郵便私書箱第 330 号

（株）実務教育出版

愛読者係行

フリガナ お名前		年齢　　歳 性別　　男・女	
ご住所	〒		
電話番号	携帯・自宅・勤務先　　（　　　）		
メールアドレス			
ご職業	1. 会社員 2. 経営者 3. 公務員 4. 教員・研究者 5. コンサルタント 6. 学生 7. 主婦 8. 自由業 9. 自営業 10. その他（　　　）		
勤務先・学校名		所属（役職）または学年	
今後、この読書カードにご記載いただいたあなたのメールアドレス宛に 実務教育出版からご案内をお送りしてもよろしいでしょうか			はい・いいえ

毎月抽選で５名の方に「図書カード１０００円」プレゼント！

尚、当選発表は商品の発送をもって代えさせていただきますのでご了承ください。
この読者カードは、当社出版物の企画の参考にさせていただくものであり、その目的以外には使用いたしません。

■愛読者カード

【ご購入いただいた本のタイトルをお書きください】

タイトル

ご愛読ありがとうございます。

今後の出版の参考にさせていただきたいので、ぜひご意見・ご感想をお聞かせください。

なお、ご感想を広告等、書籍の PR に使わせていただく場合がございます（個人情報は除きます）。


……………………該当する項目を○で囲んでください……………………

◎本書へのご感想をお聞かせください

・内容について	a. とても良い	b. 良い	c. 普通	d. 良くない
・わかりやすさについて	a. とても良い	b. 良い	c. 普通	d. 良くない
・装幀について	a. とても良い	b. 良い	c. 普通	d. 良くない
・定価について	a. 高い	b. ちょうどいい	c. 安い	
・本の重さについて	a. 重い	b. ちょうどいい	c. 軽い	
・本の大きさについて	a. 大きい	b. ちょうどいい	c. 小さい	

◎本書を購入された決め手は何ですか

a. 著者　b. タイトル　c. 値段　d. 内容　e. その他（　　　　　　　　　　）

◎本書へのご感想・改善点をお聞かせください

◎本書をお知りになったきっかけをお聞かせください

a. 新聞広告　b. インターネット　c. 店頭（書店名：　　　　　　　　　　）
d. 人からすすめられて　e. 著者の SNS　f. 書評　g. セミナー・研修
h. その他（　　　　　　　　　　）

◎本書以外で最近お読みになった本を教えてください

◎今後、どのような本をお読みになりたいですか（著者、テーマなど）

ご協力ありがとうございました。

哲学・思想を学ぶべき理由

なぜ、哲学や思想を学ぶべきなのか？

私の考えでは、「固定観念の破り方」を学ぶためだ。固定観念は、その時代の人々全員が信じているから、普通の人は何が固定観念なのかさえ自覚できない。だが歴史に名を残した哲学者や思想家は、当時を支配する固定観念を破壊し、新しい時代のあり方を提案してきた。そして、実際に世界を変えてきたから、教科書に記載されている。

たとえば、現代の常識の一つとして「エネルギーは国家の根幹」という考えがある。確かにエネルギーを確保できないと産業が衰退し、国家の力が低下する。だが、この理解には固定観念が潜んでいないだろうか？　エネルギーが乏しくても元気で、世界に存在感を示す国家像はあり得ないのか？

巨大コンピューターが性能で優るはずなのに、パソコンに凌駕され、パソコンが性能で見劣りするはずのスマホに負けたように、性能とは埒外《らちがい》の「価値体系」に乗り換えることで力を発揮した商品がある。同じように、エネルギーを最重視する「価値体系」とは別の「価値体系」を構築できないか、考えてみてほしい。

私たちの身近なところに固定観念がある。それを見破る方法、見破ったあとに新しい解決策を提案する方法。そのコツを、哲学者や思想家の足跡を追うことで学び取るとよい。

だから哲学や思想を学ぶときは、必ず当時の時代背景を知っておくことだ。当時の人々の常識を知れば、その哲学や思想がどれだけ「常識はずれ」だったかが分かる。なぜそんな常識はずれを思いついたのか、自分ならどうやって考えつくことができるか。そうすれば、「常識の破り方」がだんだん分かってくる。

「経済成長しなければならない」のは本当か？　経済成長しなくてもやっていける社会は

本当に無理なのか？　浪費社会でなくても経済が回るようなシステムはできないのか？　子どもに「しつけ」をしなければならないのは本当か？　さまざまな職場で問題になっている「指示待ち人間」の原因は本当に部下の側にあるのか？　このように「固定観念」を見破り、切り込んでいく。その作法を学ぶために、哲学や思想は、格好のシミュレーションゲームになる。

POINT

哲学や思想は、立派なお方の立派な教えを「へへ〜」と恭《うやうや》しく鵜呑みにしなければならないと思っている人が多い。そうではなく、その当時、非常識とされた考えがどうやって常識を破っていったのか、その物語として理解すると、面白いシミュレーションゲームに変わる。

TIPS 22

「疑う」こそが「過信」を生む

考えつくす、疑いつくすと他人の意見がバカに見える

たった今、「常識の破り方を学ぶべきだ」と述べたばかりだが、同時に気をつけてほしいことがあるので触れておきたい。斬新な発想、常識に囚われない創造的な着想を得るには、「疑う」ことが大切だとよく言われる。しかし筆者は、「常識を疑え」と強調する人ほど人の話を聞かない、自分の意見を信じて疑わないことが多くて、辟易してしまうことがある。みなさんにも、そうした経験はないだろうか。

現代合理主義は、「疑う」ことによってスタートしたと言える。84ページでも指摘したように、これを提唱したのはデカルトだ。デカルトは『方法序説』という著作で、徹底して疑うという作業を勧めている。すべてを疑いつくして、それでもなお疑い切れない事実を発見したら、そこから思想を再構築する。そうすれば、迷信を一切含まない絶対正しい

思想を再構築できる、という斬新な提案を行った。

後世の人間は、この提案を非常に魅力的に感じた。デカルトが近代合理主義の祖と評されるのはそのためだ。デカルト以後、自分を知識人だと考える人はみな、徹底して「疑う」を実践し、迷信を撲滅《ぼくめつ》し、真実だけで思想を再構築することを目指した。『方法序説』を読んだことがない人でも、知識人を志す人は無意識に「疑う」作業を行うようになった。「疑う」は、非常に広く普及した方法だと言える。

しかし、「疑う」作業には、大きな副作用がある。自分が信じたいもの、愛してやまないものまで一度は否定し、疑ってみるという大変な苦しみを味わうことになる。苦しいからこそ、乗り越えたあとは変な自信がついてしまう。「俺ほどすべてを疑いつくし、考えつくした者はいない」と思うと、他人の意見は思索の浅い、愚かな考えにしか思えなくなってしまう。「疑う」がゆえに、「自分を信じて疑わない」人間を増産してしまう恐れがある。

フランス革命のロベスピエールやカンボジアのポル・ポト、あるいはソビエト連邦を創

なぜ自分の考えを信じて疑わない人間が生まれるのか？

これ以上疑うことはできない
というほど、自分は疑った。
その苦しい試練を乗り越えて
きた自分の思想が、
間違っているはずがない！

立したレーニンなどは、自分の理想を実現するために人々を虐殺した。浅間山荘事件を起こした連合赤軍が、「総括」と称して仲間を次々殺していったのも、似ているかもしれない。そんな大胆不敵なことができるのは、自らの思想に絶対の自信があるからだ。そしてその自信を与えるのは、「これ以上疑うことはできないというほど、自分は疑った。その苦しい試練を乗り越えてきた自分の思想が、間違っているはずがない」と信じ込んでしまうからだ。

つまり人間心理では、徹底して疑うからこそ信じ込んでしまう、という逆説的なことが起きてしまうようだ。「疑い」の果てに「信じて疑わない」信念を抱いてしまった状態は、まさに「リュクールゴスの亡霊」と呼ぶにふさわしい。『他人を見下す若者たち』というタイトルの本がかつて話題になったが、「疑う」ことで「信じ込んだ」人間は、異なる意見を述べる人を「疑うことを知らない中途半端な思考の人間」と見下す傾向がある。「自分の考えを信じて疑わない」人間のできあがりだ。

「信念」はこうして生まれる。26ページでも指摘したように、スペインの哲学者オルテガは、信念とは信じて疑わない考え方としている。しかも信念は、「自分ほど合理的に思考できる人間は、そうはいない」という思い込みから生まれるのだという。オルテガはそうした「信念」の持ち主を「大衆」と呼び、自分を賢いと思っているだけに厄介だ、としている。

「疑う」の副作用の抑え方

「信念」は、「疑う」ことによってガチガチに強化される。**自分以上に物事を深く疑い、**

根底から考え直した人間はいない、という自負こそが、他者の意見を聞き入れない頑迷さへと変えてしまう。既成概念を突破する創造性は維持しつつ、その副作用（信じて疑わない）を抑えるよい方法はないものだろうか。

デカルトの提案より適切と思われるのは、ポパーの「すべては仮説」という考え方だ。ポパーは、すべての理論は仮説で、新しい事実が登場したら書き換える心構えを常に持つべき、と考えた。しかし、反する事実が登場する前から疑うような慌てん坊はしない。こんな証拠が出たら潔く仮説を引っ込めます、という「反証可能性」さえ担保されているなら、仮説をむやみに疑わず、とりあえず受け入れていいですよ、と提案した。

このマイルドな提案なら、「疑ぐり深い」がゆえに「信じて疑わない」人が発生する害を最小限に抑えることができる。どんな分野にも「俺はこの分野の権威だ」と考え、若者の意見を聞かない老害はあるものだが、すべてが仮説であれば「仮説を更新するだけですから」と、新しい理論（仮説）の提案が容易になる。

「疑う」礼賛は、ポパーの提案した「すべては仮説」というマイルドな提案から考えると、弊害が大きい。もうそろそろ、人類は、「疑う」ことを「過信」し過ぎないようにしなければならないように思う。

POINT

自分は疑り深いと思っている人ほど、何かを信じ込んで融通が利かないことが多い。「疑う」ことは、かえって「信じて疑わない」という副作用を生みやすい。「すべては仮説」という視点を共有し、反する証拠が出るまではむやみに疑わない、という科学のスタンスがビジネスでも大切だろう。

TIPS
23

失敗や余計なことを喜ぶ

人工知能もやっている失敗からの創造

ある大学の先生から、こんな打ち明け話を聞かされたことがある。

「学生に、ある実験をさせたんですよ。こんな結果が出るだろうという予想を伝えて。そしたら想定外の結果が出たんで私は喜んだんです。これは、まだ誰も予想していなかった新現象だぞ！って。で、修論の中間発表を楽しみにしていたんです。他の先生たち、驚くぞ〜って。ところが、その学生は『先生の予想と違っていましたので、この実験は失敗でした』で終わり。もう、私はガックリしてしまって。予想と違うことこそ面白いのに！」

優れた研究者は、予想外の結果を喜ぶものだ。予想通りの結果が出たということは、既存の理論で説明できる現象ということなので、何の面白みもない。想定外の結果が出たということは、これまでの理論では説明のつかない新現象を発見できたということ。そこを突っ込んで研究すれば、新たな理論を提唱できる絶好のチャンスとなるわけだから、むしろ喜ぶべきことだ。

私の専門外だから十分なことは言えないが、人工知能の歴史をたどっても興味深いことが分かる。昔の人工知能は、正確な知識をいかに大量に憶え込ませるかが重要だと考えられていた。ただ、それでは予想外のことに対応できず、入力した情報以外には何の反応もできなかった。

しかし、近年注目を集めている「深層学習」では、逆転の発想で人工知能に学習を行わせている。「間違い」や「失敗」を許容するようにしたのだ。たとえば、ロボットアームで物をつかむという動作を学習させる場合、うまくつかめずに落とすことも許容するようにする。決まりきった動作だけではなく、色々なつかみ方を試させる。失敗したときは「こうすると失敗するのだな」、うまくいったときは「こういう場合はうまくいくのだな」と、失敗も成功もひっくるめて学ばせる。

そうすると、だんだん物をつかむのがうまくなっていく。やがて、どんなふうに置いた物でも、上手につかむことができるようになる。過去の人工知能では、決まりきった「正解」の状態でしかうまく作動しなかったが、最新の「深層学習」をした人工知能では、過去に経験のない事態にもある程度「仮説」を立てて予想し、うまくいく方法を創造的に編み出すことができる。つまり、**どんな状況にも柔軟に発想し対応するという、ある種の創造的な仕事ができるようになるには、「失敗」を許容し学習対象にすることが大切だ。**

赤ん坊に見る創造性の根幹

筆者には二人の子どもがいる。それぞれが赤ん坊のときに、物をつかむ様子を見ていると、まさに人工知能の「深層学習」と同じように、失敗を重ねながら学ぶ様子が看《み》て取れた。赤ん坊は同じ動作を二度としない。さっきうまくつかめて成功したにも関わらず、同じ物を同じ場所に置いても、必ずちょっと違う動作でつかもうとチャレンジする。動作に「ゆらぎ」がある。

「物をつかむ」という単純な作業から膨大なデータを取得

その「ゆらぎ」のおかげで、物をつかむという単純に見える作業から、膨大なデータを取得しているらしい。指先に当たると物はむしろ遠ざかる、端しか握らないと滑り落ちる、上からつかんだのでは滑りやすい。何度も何度も様々なやり方でトライして、「つかむ」という現象をしゃぶりつくそうとする。その過程を経たからこそ、どんな形状のものでも、どんなふうに置かれていようとも、「つかむ」ことができるようになる。

人工知能の研究では、幼児が学習する様子を観察することで「失敗もひっくるめてまるごと学ぶ」という深層学習をさらに深化させているのに、人間の教育では、相変わらず失敗を恐れ、「正解を教える」という教授法が幅を利かせているのは興味深い。「教える」とは、「正解」なるものがあって、それを早く習い覚えさせることにより、自分と同じことができる「コピー」を生み出そうという行為だ。だが、「コピー」の繰り返しは、しょせん「劣化コピー」を作り出すだけ。失敗を許容せずに「正解」を正確に伝えようとしていると、自分より劣った人間を育成するだけに終わる。

自分よりも優れた人間を育成するには、「失敗」もひっくるめて経験させ、学ばせる必要がある。すると、教えられたことだけではなく、「失敗」という現象からも新たなことを学び取る。それは、師匠さえ気づいていないことかもしれない。グーグルの「AlphaGo」がプロ棋士をも圧倒するくらいに強くなったのは、たくさんの失敗も成功もひっくるめて経験させることで、そこから学び取る手法を取り入れたからだ。

人間も同様だ。成功だけでなく、失敗もひっくるめてたくさん経験させ、その経験から学ばせる。すると、師匠が出会ったこともない新現象を見出し、師匠が考えたこともない

正解を教えることは自分より劣った人間を育成するだけ

取り組みが可能になる。人工知能さえ失敗を許容する。ましてや人間なら、なおさらだ。失敗を許容することにこそ創造性の根幹がある、と考えるべきだろう。

余計なことから豊かな情報を学ぶ

『ドラえもん』に、こんな話がある。のび太はおもちゃの宝石が詰まった宝箱にママの真珠のネックレスをしまって、地図を頼りに宝探しゲームを始める。しかし探索は難航し、ジャイアンやスネ夫にも「宝を半分上げるから」と協力を依頼する。何も知らないジャイアンとスネ夫は、穴の中から木箱を掘り出す。しかし、のび太は「こんなのじゃない！」と言って投げ捨てる。やっとお目当ての宝箱が見つかったけれど、ジャイアンとスネ夫に渡されたのは、おもちゃの宝石を半分。ところが、その前に投げ捨てた木箱を別の人が開けたところ、本物の大判小判がザックザク、という話。

この話は、象徴的で示唆に富む。のび太は、自分が思い描いた成功・正解しか、目に入らなくなり、ジャイアンとスネ夫が掘り出した古い木箱は、路傍の石と化している。むしろジャイアンとスネ夫のように、成功・正解の形を知らない者のほうが、「これ、面白い!」と目に入りやすい。

知育おもちゃを与えられた子どもが、想定されているのとは違う遊び方を始めて、「そうじゃないよ、こうして遊ぶんだよ」と、大人が「正解」の遊び方を教えようとする光景を目にすることがある。私は、もったいないなあ、と感じる。別の遊び方は余計な脱線に見え、「正解」から遠ざかっているように思えるかもしれない。しかし、そういうときほど、普通に遊ぶよりも、そのおもちゃの構造について多くのことを学べる。

「余計なこと」から豊かな情報を学ぶ

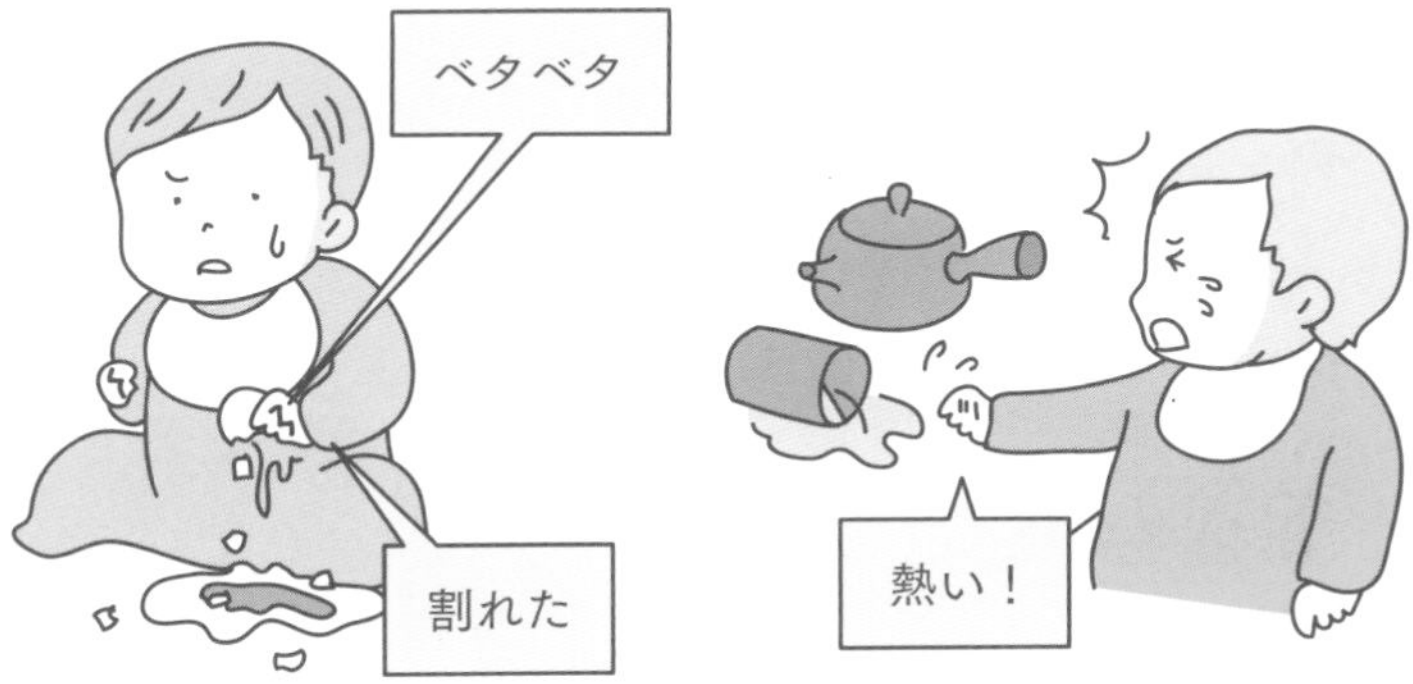

繰り返しになるが、人工知能で「物をつかむ」のは、非常に難しいことらしい。人間なら、卵をつぶさないようにつかむことができる。重そうな物なら、足に落とさないように慎重になる。トゲトゲした物なら、ケガしないように気をつける。物を見て、それがどんな重さ、固さ、質感なのかを予想し、「仮説」を立てて、つかむ。これらの判断を瞬時に行う。人工知能では、特定の物体ならともかく、ありとあらゆる物体のつかみ方を学ばせるのは、まだ非常に難しいようだ。

なぜ、人間はそれが可能になるのだろう？「余計なこと」をして学んできたからだ。卵を力いっぱいつかんだら、割れた。割れたら、手がベタベタする。お湯だとやけどする。重いものは滑り落ちやすい。砂糖をつかもうとしたら、指の間からサラサラと抜け落ちる。水をつかもうとしても、指先から滴り落ちるだけでつかめない。**正解・成功とはほど遠い「余計なこと」をたくさんすることで、豊穣な情報を学んでいる。**こうした「失敗」「余計なこと」を楽しむことで、どんな物でもつかめる、という創造的な作業が可能になる。

これに対し、成功や正解はゆるぎのない、融通の利かないたった一つの形を学べるだけだ。失敗や余計なことほど、豊穣な体験ができることはない。まだ誰も見たことのない、気づいたことのない現象がそこには含まれている。「失敗」を許容し、そこから学ばせる姿勢が大切だ。

もしあなたが誰かにものを教える立場なら、「教えない教え方」ということも、頭に入れておいてほしい。前著『自分の頭で考えて動く部下の育て方』で詳しく述べているが、かいつまんで説明すると、正解を教えるのではなく、失敗を重ねさせ、質問することで観察を促し、うまくいく方法を相手に見つけさせる、気づかせるという指導法だ。その指導法だと、相手は教えるあなた以上のことを学べる。失敗をよく観察し、どうしてそうなるのか、正解以外のことも学ぶから、「余計なこと」も含めて思わぬ多くの学習をする。それが豊穣な体験となり、新しい発想の種子となる。

「失敗は成功のもと」とよく言われるが、成功しなくてもこんなにたくさんのことを学べるものはない。**むしろ成功することのほうが面白くない、くらいに考えたほうがよい。**そうしたマインドのほうが、創造的な仕事をするのに向いているだろう。

POINT

「失敗」を「不正解」と同じにみなし、失望する人が多い。むしろ、「失敗」にこそ豊穣な情報が含まれ、学べることが多い。実験や挑戦は、「成功」するために行うのではなく、「失敗」から深く学ぶための儀式くらいに捉えたほうがよい。

CHAPTER 5

「マネジメント」によるイノベーション

イノベーションと言えば、ものづくりの国である日本では、新製品をイメージすることが多い。しかし、インターネットなどのソフト面がビジネスの主流になりつつある現代では、マネジメントがイノベーションの重要なカギになる。

TIPS 24

アイディア実現のためのネゴシエーション力

iTunesとiPhoneを生んだ交渉力

世の中には、「アイディアマン」と呼ばれる人は意外と多いものだ。しかし、当のアイディアマンが必ず事業を成功させるとは限らない。対照的に、大したアイディアとも思えないけれど、それを粘り強く実現するまで諦めなかったがゆえに、偉業を成し遂げたという人がいる。成功する人は、むしろそういう人だと言ってよいだろう。

アップルの創業者、スティーブ・ジョブズ氏は天才だとよく評される。しかし、ジョブズ氏の特筆すべき性質は、「ネゴシエーション（粘り強い交渉）」にあるように思う。氏の業績の一つに、iTunesの成功がある。それまでレコードやCDを購入しないと楽しめなかった音楽を、インターネットでダウンロードして小型の再生機で持ち運んで楽しむ、という新たな仕組みに変化させた。

iTunesを生んだネゴシエーション力

CD じゃないの!?
ダウンロード一件につき
○○円の収益が入るから
損することはありません!
スティーブ・ジョブズ
レコード
会社の
人

こうした構想を思いついていた人は、もしかしたらジョブズ氏以外にもいたかもしれない。インターネットはかなり普及していたし、音楽はすでにデジタル化が進んでいた。CD以外の記憶媒体も存在し、道具立てはすでに揃っていた。

だが、ジョブズ氏だからこそ成し遂げられたのは、「ネゴシエーション」の力にある。iTunesを成功させるには、それまでの音楽業界の常識を突き崩す必要があった。CDの売上で収益をあげるレコード会社一社一社に対し、ダウンロード一件につきいくらの収益が入るから損することはない、という説得を粘り強く行ったはずだ。そうした面倒くさいことを、丁寧に、手を抜かずにやり遂げたからこそ、iTunesは成功したのだろう。それだけにとどまらず、CDなどのかさばる記憶媒体を使用せずに、軽量に持ち運びできるiPodやiPodミニなども開発した。

その後のiPhoneをはじめ、アップルの商品には大量の日本製部品が使われていると言われる。技術的には、日本メーカーが最初にスマホを開発していたとしても不思議ではない。実際、iPhoneが開発されてしばらくは、「日本のメーカーにもスマホを開発するだけの技術力はすでにあった」という記事が、色々なところから出ていた。だが残念ながら、ジョブズ氏以外には他の誰も先んじて開発できる者はいなかった。

日本はなぜ、スマホをいち早く開発できなかったのだろう? その原因は、おそらくネゴシエーション力にある。アップルの開発陣にも、「少しくらい操作が難しくても、説明書をつければいいじゃないか。そうすれば開発もラクだし」と考えた人がいたはずだ。しかしジョブズ氏は、徹底して使い手側に歩み寄り、説明書なんてなくても操作が直感的に理解できるよう、作り手に要請したはずだ。これには社内でも激しい抵抗があったと思われるが、それを粘り強く説得し、実現に向けて努力させるには、相当のネゴシエーション（コミュニケーション）の力が必要だ。

必要なのは、諦めずに「やり抜く力」

「使い手論理のものづくり、説明書の要らない操作性」というコンセプト自体は、「アイディアマン」なら思いつくかもしれない。しかし、それが叶うまで諦めず、最後までネゴシエーションする粘り強さ（GRIT）を発揮しないと、実現にはこぎつけない。その粘り強さが、当時の日本企業にあったかどうか。

『やり抜く力 GRIT』の著者、アンジェラ・ダックワース氏は、成功者に共通して見られる特徴として、まさに「最後までやり抜く力がある」と指摘する。知能指数でも、豊かなアイディアでもない。一つのアイディアを実現するまで諦めないこと。諦めずにやり遂げる道を探し続ける粘り強さこそが、物事を実現させるのに重要だとしている。

必要なのは、諦めずに「やり抜く力」

ネゴシエーションの力、
「GRIT」がなければ、
ただのアイディア倒れになる
アンジェラ・ダックワース

本書でも、新しいアイディアを生み出すための技術を色々提案しているが、ネゴシエーションの力、「GRIT」がなければ、ただのアイディア倒れになる。たとえば筆者は、中部国際空港の隣接地の使い道が募集されたとき、「ジャパニメーション・ランド」を提案し、新聞でそのアイディアが評価されたことがある。日本のアニメを一箇所に集結させれば、世界的な成功を収めるディズニーを凌駕する一大テーマパークが創造できる。しかも空港の隣接地なら、世界中から顧客を見込むことができる、と論を展開した。

「すばらしいアイディアだ」とほめてもらったものの、ご存知のように実現していない。

誰もネゴシエーションをしないからだ。筆者もアイディアだけは提案したが、自分自身の研究だけで手一杯で、ジャパニメーション・ランドを実現するまでの粘り強さを見せる気力がない。このアイディア自体は、単純だ。誰でも発想できると言ってよい。

しかし、それを実現するには、著作権や利益の配分方法、出版社との交渉、著者との合意など、面倒くさい問題を一つひとつ解きほぐして解決し、実現に向けて粘り強く活動するネゴシエーションの力が何よりも必要になる。そうした人物が、ジャパニメーション・ランドの構想に関しては、日本ではまだ現れていないということなのだろう。

アイディア実現のために汗をかくのは誰?

「ネコに鈴をつける」という寓話《ぐうわ》がある。ネコに仲間を食べられてばかりのネズミたちが相談し、誰かが「ネコに鈴をつけたら、近づいてくる前に逃げられるのでは?」というアイディアを披露した。そのアイディアはみんなから賞賛されたが、「じゃあ、誰がネコの首に鈴をつけるの?」となったとたん、全員押し黙ったという話。アイディアは、ある意

アイディア実現のために汗をかける人こそがイノベーター

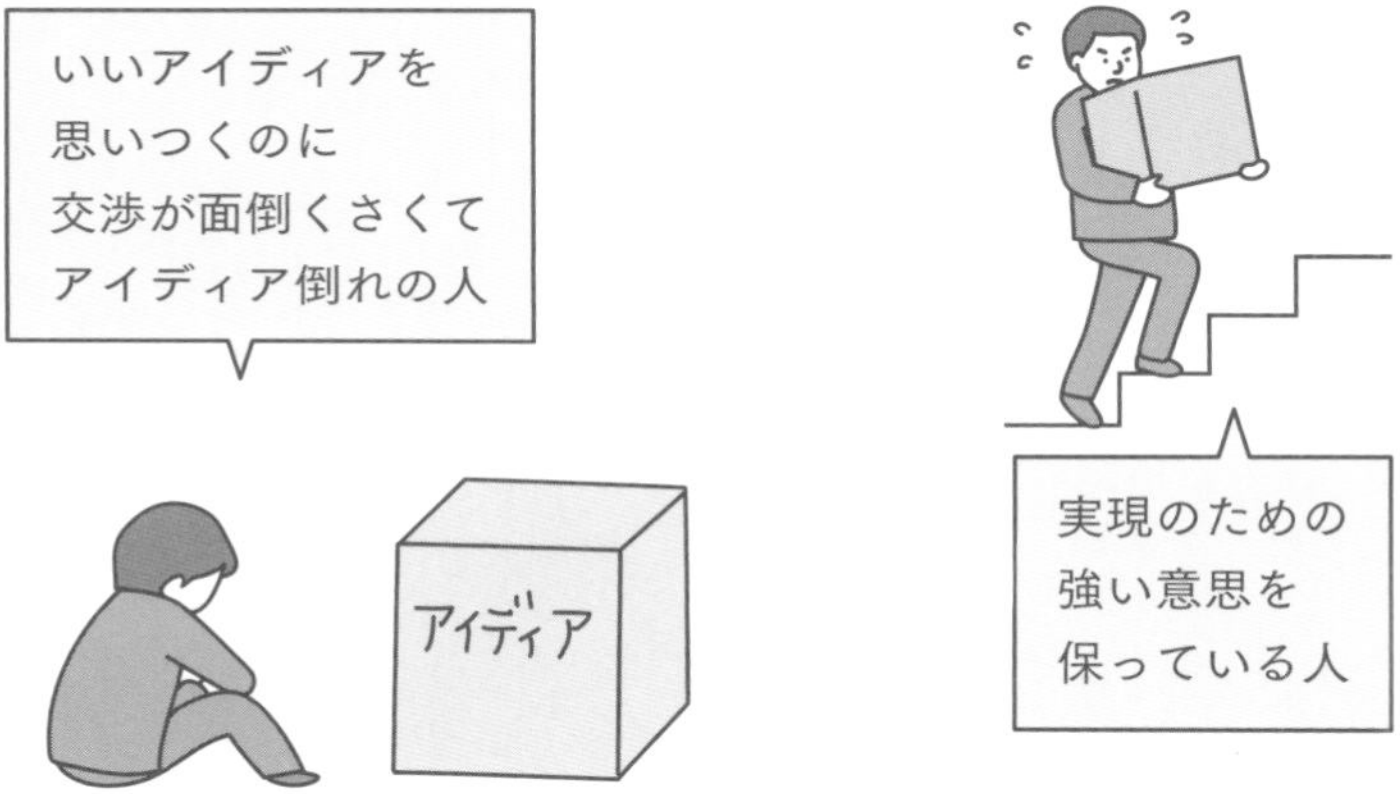

味、誰でも思いつくことができる。しかし、それを実現することは難しい。

筆者は、ウェブメディアJBpressに寄稿した記事で、日本で年間６４３万トン（２０１６年度推計）に上る食べられずに捨てられてしまう食品ロス問題の解決策として、「グラデーション値下げ」というアイディアを提案したことがある。製造日から日数が経過するごとに自動で少しずつ価格が安くなるようにすれば、消費者はむしろ古い商品から競って購入するようになり、その結果、食品ロスを減らせるのでは、と提案した。これは、ビジネスパーソンがよく閲覧するNewsPicksというサイトでも高評価を得た。

だが実現するには、二次元コードを導入するなどして、製造日情報を盛り込まなければならない。また、二次元コードを読み取れるレジシステムに更新する必要があるし、商品を製造するメーカーに、こうしたシステムの採用を呼びかけなければならない。まさに「ネゴシエーション」する人材が登場するかどうかが、成否の分かれ目になる。

今の日本では、この「ネゴシエーション」をやり遂げる人材がなかなか現れにくいのかもしれない。昨今、日本から画期的な商品やサービスが登場しづらくなっているのは、アイディア不足というよりは、ネゴシエーションやコーディネートを粘り強く続けられる人材が不足しているからかもしれない。別に、人のアイディアを借りたってよい。アイディアマンはしばしば、アイディアを思いつくだけで満足してしまい、ネゴシエーションすることを「面倒くさい」と思いがちだ。このため、アイディアのまま腐りやすい。

もしあなたにネゴシエーションする粘り腰があるのなら、その粘り腰こそがイノベーションの力だ。**誰もが諦めそうになっても、最後までやり遂げる。その意思を持てるなら、あなたは立派なイノベーターだ。**自分の惚れた構想を、なんとしてでも実現したい。その思いをぜひ大切にしてほしい。

POINT

イノベーションは、研究や開発に携わる人間だけで成し得るものではない。技術があってもイノベーションが起きないことは多い。粘り強くネゴシエーション(コーディネート)する調整役が存在するかどうかが、決定的なことが多い。

TIPS 25

トコトン使い手に寄り添う

使い手論理の重要性

東日本大震災が起きたあと、興味深いニュースを見た。震災直後、ある企業が電気がなくて困っているという報道を聞き、被災地に巨大な発電機を送った。ところが、現場ではほとんど利用されなかった。理由は単純だった。操作方法が難しくて、誰もそこから電気を取り出すことができなかったからだ。もちろん説明書も添付していたが、専門用語だらけの上に、操作も複雑だったので、誰も扱おうとしなかった。

その苦い経験を踏まえ、その企業では直感的な操作だけで発電できるようにした。さらに、特殊な形状になっていたコンセントを、一般家庭にあるコンセントの形に揃え、誰でも簡単に使えるようにした。作り手側の論理ではなく、使い手側の論理に立って、ものづくりすることの重要性に気がついたという。

使い手に寄り添うものづくり

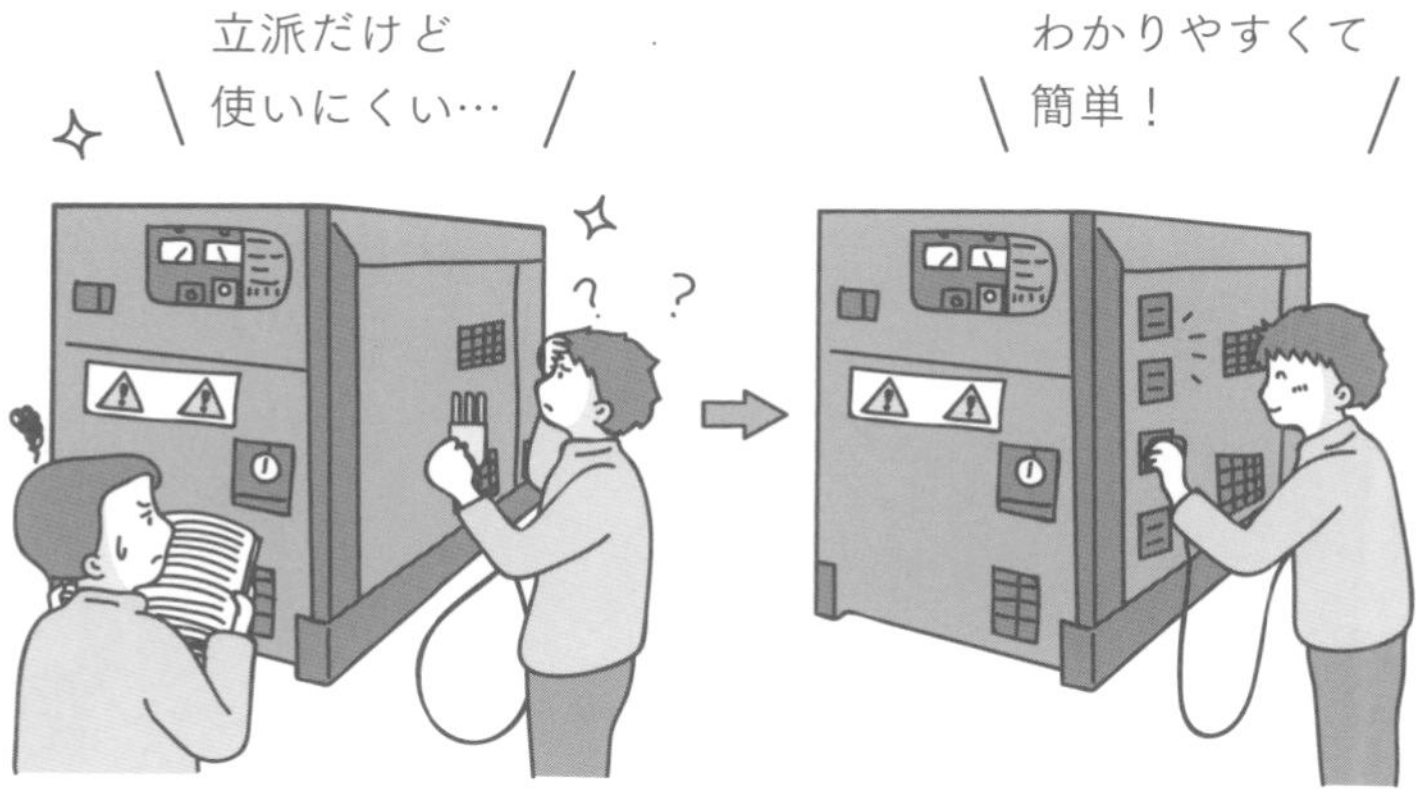

「作り手論理」を押しつけず、どこまでも使い手側の立場で進めるものづくり姿勢は、「03 価値体系を転換してしまう」でも取り上げたスマホの例だけに限らない。むしろものづくりの現場には、専門家にしか分からない機械がゴロゴロ転がっている。こうしたものを一つひとつ、使う側に立って変えていくものづくりを目指すことは、立派なイノベーションになるように思う。

「専門知識不要」というイノベーション

最も専門性が必要と思われていた職業に、プログラミングがある。私の教え子でも、C言語とやらを学んで建築の構造計算をするプログラムを開発していた者がいた。よくもまあ、あんな無機質な言語を覚えられるものだ、と感心すると同時に、素人が未来永劫、手を出せない分野だな、とも考えていた。

ところが、「Scratch（スクラッチ）」という子ども向けのプログラミングツールが出てきて、様子が変わってきた。スクラッチでは、ジグソーパズルのように命令を組み合わせてゲームなどを作れる。非常に直感的な操作で、難しい理屈が分からなくてもプログラムが書ける道具だ。

専門家でないと扱えないと思われていたコンピューターのプログラムが、ジグソーパズルのような簡単な操作で扱えれば、ゲームの構想は持っていてもプログラム言語を覚えるのが苦手な人の才能を引き出せる可能性がある。敷居が低くなれば、それを扱える人口が爆発的に増える。使える人が増えれば、専門家だけでは思い浮かばなかった斬新なアイディアが表に出てくる可能性がある。

専門知識のある自分には理解できるが、友人知人に理解してもらうことが難しいのだと

したら、そこにイノベーションの芽があるかもしれない。あなたの商品や技能を専門知識のない人にも扱えるものに作り変えてみてはどうだろう。

POINT

イノベーションは、「作り手」の手元にあるとは限らない。「使い手」の手元で、どう使われたらよいのかを徹底追究することにも、イノベーションの芽はある。

TIPS 26

現場のやる気を邪魔しない

できない理由を並べて行動しないのは誰のせい？

かつて経営不振にあえいでいた日産を、再び隆盛に導いた経営者、カルロス・ゴーン氏。逮捕劇があったので、ゴーン氏を取り上げるのは若干ためらわれるのだが、日産の経営に参画し始めた頃の発言に、注目すべきものが一つある。

「何をすべきかは誰もが知っている。実行していないことが問題なのだ」

ゴーン氏はトップに就任後、現場の従業員に話を聞きまくったという。日産の何が問題なのか、それをどう解決すればよいのか、何をすれば事態を打開できるのか。現場の社員はみな問題に気がついており、上司に解決策の進言もしていた。ところが、なんのかんのと理由をつけて、それらのアイディアは実行に移されなかった。組織側が機能不全に陥っていた。

アイディアが実行されないのは、だいたい上司のせい

これは、新しいことを一向に進められない企業によく当てはまる話のように思われる。何をすべきかは分かっているのに、どうして実行しないのだろう？「面倒くさい」というのが大きな理由だろう。それをやらなくても給料はもらえている。ならばやらずに済ませるために、できない理由探しを始める。こうした話をすると、「そうなんだよ、うちの部下はできない理由ばかり述べて……」と、部下に責任をかぶせる上司がたくさんいそうだ。

しかし、**アイディアが実行されないのは、だいたい上司の側に理由がある。**「それで失敗したら、どう責任を取るつもりだ？」と部下に責任を転嫁《てんか》しようとする上司が、世の中

には結構多いらしい。失敗の尻拭いを引き受けることで、部下にのびのび働いてもらうのが上司の仕事だとしたら、そうした責任転嫁は部下の仕事の邪魔をしていることになる。どうも、部下の手足を縛って「さあ泳げ」と言う上司が、世の中には少なからずいるようだ。

現場の「できる」を下支えする

二宮金次郎の名前で親しまれている二宮尊徳は、小田原藩主からの依頼で、桜町という農村地域の建て直しを任された。それまでに小田原藩家老の家計を再建するなど、数々の実績を上げた尊徳だったが、桜町では村民の抵抗にあい、建て直しは難航した。尊徳には、「こうすれば村も豊かになるし、自分たちも生活がラクになるのに、どうしてそれが分からないのか」という苛立ちがあったようだ。

尊徳は疲れ果て、突然姿をくらました。成田山で断食修行しているとき、ふと村民に自分のアイディアを押しつけるばかりで、村民の話を聞こうとしていなかったことに気がつ

現場の「できる」を下支えする

最初は自分のアイディアを
押しつけていたので
反発を招きましたが、
相手の話をよく聞き、
その意見を採用することで、
現場の士気が上がりました。
二宮尊徳

いた。それが反発を招き、実行を困難にしていたことを反省した。

桜町に戻ってみると、突然姿を消した尊徳を心配し、「これだけ桜町のことを考えてくれていた人が過去にいたか」という声が高まり、空気が変わっていた。そこに、尊徳自身が村民の話をよく聞き、その意見を採用する姿勢に変化したこともあいまって、桜町の改革が急速に進むようになった。

部下は、意見を聞いてもくれないのに「これをやれ」と言われたら、逆らえないから表面上は従うかもしれないが、内心反発する。それでは士気は上がらない。工夫も起きなくなる。さらに失敗の責任まで求められたら、プレッシャーで思考も硬直してしまう。しかし、そのプレッシャーを上司が引き受け、部下のアイディアに耳を傾け、ゴーサインを出してくれるなら、部下は喜んで「できる」に変える方法を模索し始めるだろう。

現場の「できる」を積極的に採用すれば、意欲を刺激し、いずれは「できない」を「できる」に変えていけるはずだ。リーダーは、問題を最短距離で解決できるアイディアはすでに自分の中にある、だからあとは部下がそれを実行するだけだ、と考えがちだ。

しかしそれでは、桜町の改革に難渋していた尊徳に似てしまう。**アイディアの押しつけは、最短距離のように見えて、部下がついてこなくなるという大きな問題がある。**自分のアイディアが最高だという思いがあると、部下の提案が全部ちっぽけに見えて、苛立ちが出る。その苛立ちは部下に伝わって、部下はアイディアを口にしなくなる。

ところが不思議なことに、部下の話をよく聞き、失敗する前提で挑戦することを推奨すると、部下の思考は柔軟性を増し、挑戦意欲を高める。「産婆術」で部下の思考を刺激すれば、腹案として持っていた自分のアイディアが、部下の口から出てくるようになる。場合によっては、自分の腹案より優れたものが飛び出てくる。部下は、自分のアイディアに愛着が強いから、勇躍して開発を進めるだろう。

挑戦する勇気を持てるどうかは、現場の責任ではない。その人たちの上司や、経営陣の仕事だ。**部下の勇気、やる気を「邪魔しない」ことが、創造力を高める上で非常に大切となる。**そうした役回りは、人の上に立つ人にしか、できない仕事だ。

POINT

わざわざ「創造」しなくても、現場は何をすべきか分かっていることが結構ある。今の開発陣が気づいていなくても、部下の挑戦意欲を尊重できたら、あなたの腹案を超えたアイディアも出てくるようになる。上司がそれを採用しようとしないことに、イノベーションの阻害要因がある。

「結節点」を牛耳る

なぜ、鴻海はシャープを買収できたのか?

「亀山モデル」とも賞賛され、成長著しい企業と目されていたシャープが、台湾の鴻海《ホンハイ》精密工業の傘下に入ったニュースは、多くの日本人にとって衝撃的だった。日本を代表する電機メーカーが、比較的新興の企業に追いつかれ、追い越されたのは、なぜだろうか。

電子産業では、「スマイルカーブ」という言葉がある。新しい製品を生み出す工程の中で、一番上流の企画や一番下流の流通・販売は最も収益を出しやすいけれど、中間の組立工程は最も収益率が低いという収益構造を表している(次ページ図参照)。だから、収益率の低い組立は外部に委託して、企業として一番おいしい企画や流通・販売に経営資源を特化したほうがいいですよ、という提案だ。

鴻海の勝利の方程式

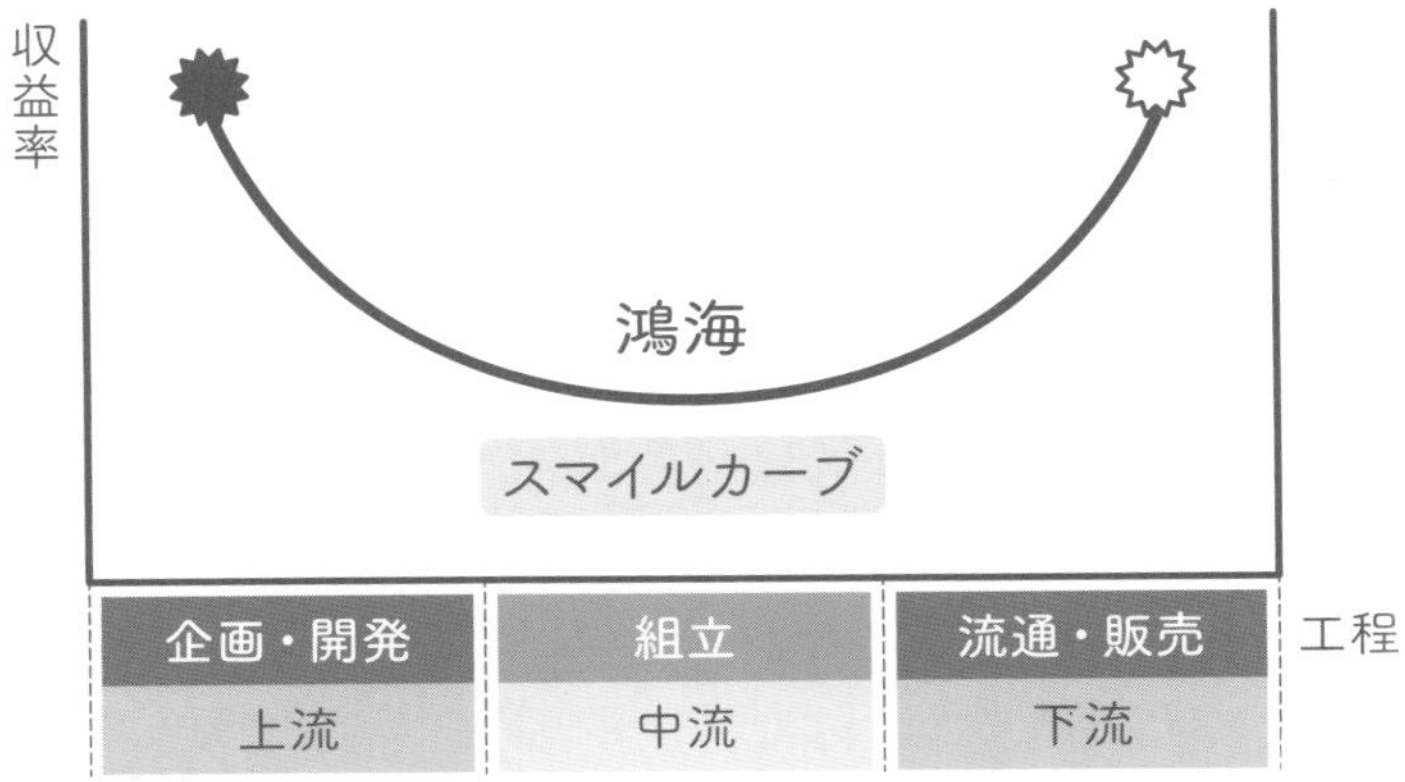

これに世界中の電機メーカーが乗っかって、パソコンやスマホといった製品の組立を、台湾企業である鴻海に委託した。いわば鴻海は、電機メーカーが一番嫌な利益の出しにくい部分を引き受けますよ、と立候補したわけだ。

ところがおかしなことに、一番収益を上げにくいはずの組立工程を担っていた鴻海が、世界に冠たるメーカーとして成長した。これはなぜだろう？　それはおそらく、「結節点」を牛耳ったからだ。

組立は比較的、収益のあげにくい工程であることは間違いないかもしれない。しかし、世界中の電気製品の組立を一手に牛耳るとなれば、話が違ってくる。低い利益率でも、大量生産による効率化で、原料や部品を大量に安く調達することができるようになり、収益率を向上させることができる。そうするうちに技術力と経営体力を高め、スマイルカーブの「谷」だけでなく、製造工程の上流（企画）、下流（販売）にまで手を伸ばす大企業に育った、ということらしい。

電気製品を企画する企業は、世界中にいっぱいある。電気製品を販売する企業も、世界中にあふれかえっている。しかし、電気製品を組み立てることができる企業は、鴻海などの台湾メーカーに絞られてくる。となれば、事実上、組立を台湾メーカーに頼らざるを得ない状況が成立する。

台湾メーカーは、豊かな組立技術の蓄積により、世界のどこよりも安く組み立てることができる。そうなると、独自に組立工場を建設するよりも、台湾メーカーに委託したほうが安くつく。台湾メーカーは、世界中の企業が嫌がる収益性の低い部門に経営資源を特化することにより、「組立」という工程で、世界中の「結節点」になったわけだ。

結節点を目指そう

この「結節点になる」という視点は、ビジネスにおいて非常に重要だ。グーグルがクルマの自動運転システムの開発を始めたとき、多くの自動車メーカーが脅威を感じた。これまでは、クルマを製造するメーカーは世界でも限られ、その技術力の高さで、他の産業には見られない収益をあげる産業に成長した。自動車産業は、たくさんの部品メーカーを下請けに必要とし、多くの雇用を生むため、日本のようなものづくりの国にとって重要な産業となっている。自動車メーカーは、多くの部品メーカーを従える「結節点」として君臨してきた。

だが、もしグーグルが提案する自動運転システムが実現すると、「結節点」がクルマから自動運転システムへと移動すると考えられている。自動運転システムが成立すれば、極端に言うと、エンジンなどの機械部分は単純なもので構わなくなる。さほど高機能でなくてもよい。それよりは、クルマを利用したい人のところにすばやく移動し、目的地へとムダなく運んでくれる自動運転システムのスマートさのほうに技術的重心が移る。この結果、

結節点を目指そう

クルマの結節点は
自動車メーカーから
自動運転システムへ

自動車メーカーは自動運転システム会社の「下請け企業」になり、自動運転システムが新たな「結節点」に変わる。

少し古い話になるが、パソコンの歴史を振り返っても、「結節点」の様子がよく分かる。「パーソナルコンピューター」が出始めの頃、日本は半導体でもパソコンでも圧倒的な支配力を誇っていた。ところが、95年に別の「結節点」が現れる。マイクロソフトが開発したＯＳ、Windowsだ。Windowsが登場してから、あまりの便利さに、それを搭載できないパソコンは市場から姿を消してしまった。つまり、Windowsが「結節点」となり、パソコンメーカーはいわば下請け的な扱いになってしまった。

半導体でも大きな変動が起きた。もはや半導体で日本に勝てる国は現れないと思われるほど圧倒的な力を誇っていたのに、インテルが登場すると、急速に日本の立ち居地が弱くなった。Windowsをスムーズに動かしたければ、半導体を組み合わせたインテルの集積回路（CPU）を搭載することが必要になった。こうなると、半導体を作る日本メーカーは、インテルの下請け的な存在となってしまう。WindowsとインテルのCPUが「結節点」となり、パソコン業界を牛耳ることになってしまった。

ずいぶん昔の話だが、ルネッサンス時代に隆盛を誇ったヴェネチアの例も見てみよう。ヴェネチアは、なぜ栄えることができたのだろうか？　それは、交易の「結節点」だったからだ。古代ローマが滅び、地中海の流通がうまく機能しなくなった時代に、ヴェネチアは海運を牛耳ることで、地中海交易を独占した。交易の「結節点」になることで、莫大な利益をあげることができた。

ちなみに、そのヴェネチアが急速に衰え、農業地域へと変わっていったのは、「結節点」でいられなくなったからだ。オスマントルコが中東地域で支配力を強め、交易の主導権を握るようになった。また、ヨーロッパにおいても、スペインやポルトガルがアフリカをぐるりと回る航路を開拓し、大航海時代に突入したことで、交易ルートが地中海の外に出た。これにより、「結節点」でいられなくなったヴェネチアは、現実的な産業として農業に従事するようになっていく。

こうした運命は、古代ローマ帝国にも起きた。交易を牛耳る「結節点」でいる間は隆盛を誇れるが、他にもルートができ、「結節点」でいられなくなると主導権を握れなくなる。

どこのポジションを狙うか、という戦略

現代で最も強力なのは、グーグルの「検索」だ。あらゆる情報を牛耳る「結節点」として、グーグルの検索機能は今や不可欠な社会的インフラとなっている。ネットで情報を入手しようとしたら、もはや「ググる（グーグルで検索する）」しか手段がない。グーグルマッ

どこのポジションを狙うか

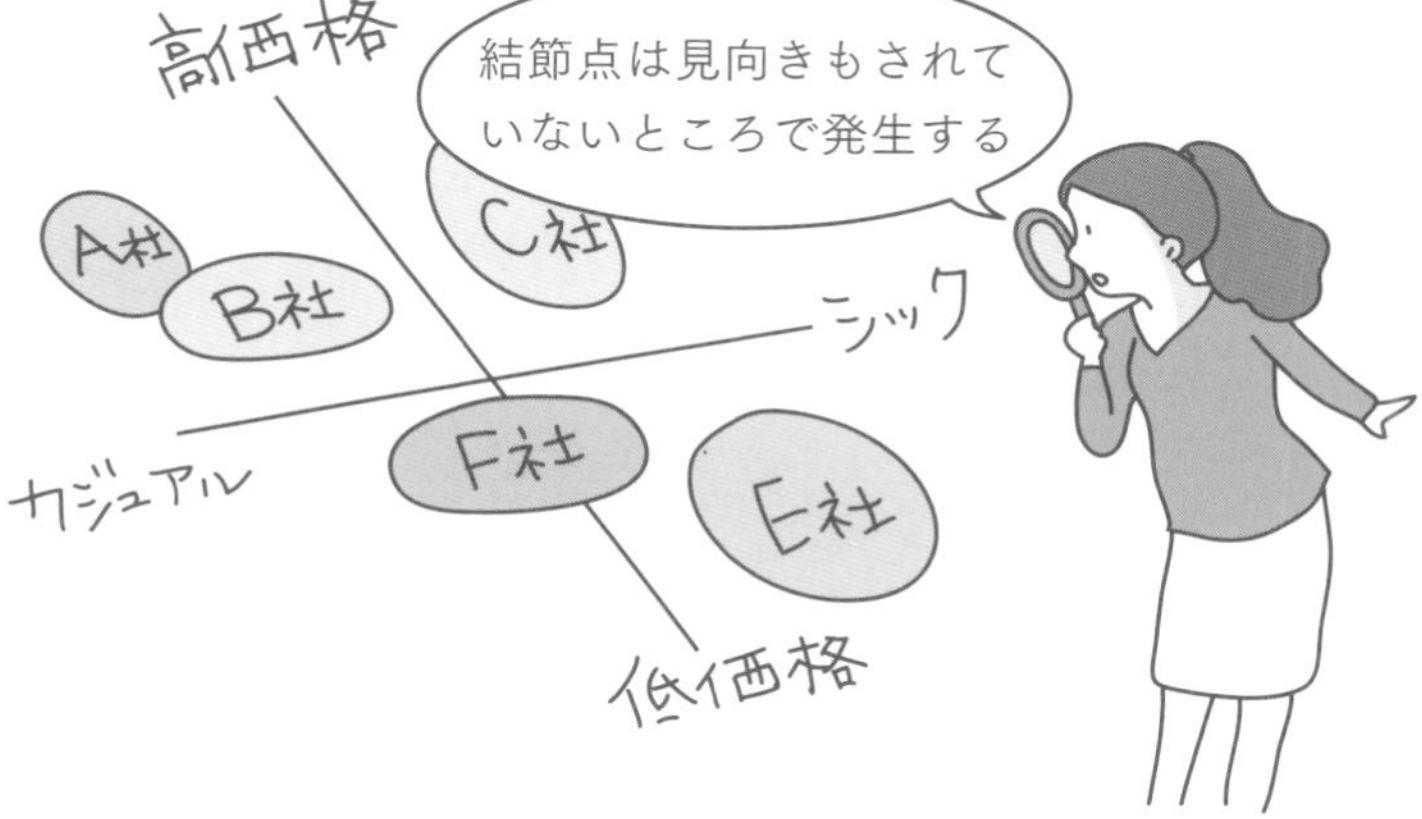

プもその一つだろう。すでにナビゲーションサービスは、グーグルマップなしには考えづらい。無料で精度が高く、使いやすいとなれば、グーグルマップになかなか対抗できない。こうした情報の「結節点」になることにより、グーグルは主導権を握っている。

本来、自動運転システムの研究で長年の蓄積があるはずのトヨタなどの自動車メーカーさえも震撼させたのは、こうした情報の「結節点」にグーグルが位置し、もはや後進の企業が置き換わるのは難しそうに思えるからだ。

だが、鴻海のように収益率が低く誰も注目していなかった工程に特化することで、「結節点」を牛耳ることができた事例を見れば、思わぬところに「結節点」は作れるはずだ。諦めるのはまだ早い。

確かなのは、**「結節点」は常に「誰からも見向きもされていない」ところで発生する**ということ。誰も見向きもしていないから、世界で唯一の存在となり得る。それは、自らを「結節点」とする重要な手段の一つと言えるだろう。

POINT

イノベーションは、技術が先行するとは限らない。どこのポジションを狙うかという戦略が定まってから、必要な技術と資源をかき集めるというイノベーションもある。「結節点」を牛耳る視点は、経営者こそが考えなければならない戦略的視点だ。

TIPS 28

「目利き力」を武器にする

オランダの「目利き力」に学ぼう

カカオパウダーは、チョコレートの原材料だ。そのカカオパウダーの世界一の輸出国はどこか、ご存知だろうか。カカオは南国の作物で、アフリカなどで栽培されている。ということは、アフリカのどこかの国？　いやいや。じつは、オランダだ。

オランダはヨーロッパでも北のほうに位置する国なので、もちろんカカオは育たない。それでもカカオパウダー世界一の輸出国なのは、なぜだろう？　それは、オランダがカカオの世界最大の輸入国でもあるからだ。

不思議に思われないだろうか。世界で最も大量にカカオを生産しているのは、アフリカ地域。だったらカカオを栽培するだけでなく、カカオパウダーを自ら加工して輸出しても

目利き大国オランダに学ぼう

よさそうなのに、どうしてオランダに輸出するのか。その理由は、「目利き」にある。

オランダは、世界で最初にチョコレートを開発した国だ。そうした歴史があるためか、どんなカカオが口溶けのよいチョコになるのか、ハードなチョコになるのか、といった経験知の蓄積がある。ベルギーなどのチョコ大国から、「こういう特徴のカカオパウダーがほしい」と注文が来たら、「ほいな」と注文通りの品を提供できる「目利き力」がある。だから、世界中のチョコメーカーは、オランダから仕入れたほうが希望のカカオパウダーを確実に入手できるわけだ。

他方、カカオ生産国のアフリカ諸国は、自ら営業しなくても、確実に顧客を見つけてもらえる。オランダに輸出しさえすれば、全量を売りさばくことができる。もし自分でカカオパウダーまで製造し、チョコレートメーカーに売り込もうとしたら大変だ。「うちが求めている品質じゃないよ」と断られることが多いだろう。自社のカカオパウダーを求める顧客を見つけるのに、大変な苦労を強いられることになる。

それよりも、世界中のチョコレートメーカーが自分たちに最適なカカオパウダーを求めて集まるオランダ市場に出荷したほうが、確実にお客さんを見つけることができる。オランダは「目利き力」を身につけることで、カカオをカカオパウダーに加工する結節点を牛耳ることに成功した。

オランダという国は、「目利き」を相当意識的に取り組んでいる。たとえば、オランダは花の輸出国としても世界一。そして同時に、世界第三位の花の輸入国でもある。ケニアは生産する花の51・9％（2017年）をオランダに輸出している。パリやローマなどに直接出荷するのではなく。これも「目利きの力」だ。

有名なオランダのアールスメール花市場には、世界中の花が集まる。ケニアも自分の足で顧客を探すより、オランダの花市場に輸出したほうが、確実に顧客を見つけられる。花を買う側にとっても売る側にとっても、便利で魅力的な市場だから物が集まる。それもこれも、「目利き力」があればこそだ。

他にはダイヤモンド市場も、オランダが牛耳っている。ダイヤモンドの生産国は南アフリカなどが有名だが、高品質なダイヤモンドの「目利き力」を発揮しているからだ。

売り手と買い手に便益を与える「目利き力」

じつは日本でも、「目利き」によって「結節点」であり続けている場所がある。下関のフグ市場だ。筆者は昔、愛知県のフグ産地の近くに住んでいたが、漁師の方によると、下関に運んだほうが高値で売れるのだという。それは愛知県だけでなく、全国のフグ産地にも言えることらしい。それもこれも結局、「目利き」の力だ。

「この品質のフグなら、あの料亭によさそうだな」「あの旅館にはこのくらいの品質のフグが必要だな」と、膨大な顧客情報を頭に入れながら、フグを目利きする能力が市場に備わっている。だから、フグを入手したい顧客は下関に行ったほうが、確実に求める品質と価格のものを購入することができる。

フグを出荷する漁師も、確実に買ってくれるお客さんを見つけることができる。自分の足で営業し、買ってくれるお客さんを見つけるのは、コストも時間もかかる。目利きの機能を備える市場は、生産者と顧客双方のニーズを満たすことを可能にする。

この「目利き力」を維持するのは大変だ。右から左へ商品を流して中間マージンを取るだけの怠け癖がつけば、顧客からも生産者からも見放される。近年、農協が生産者から批判されるのは、目利きを効かせることを怠ってきた時代が長かったからかもしれない。逆に言えば、目利きを怠らなければ、農協は消費者からも生産者からも、頼りにされる存在に生まれ変わる可能性がある。

目利きで、生産者、顧客双方から頼りにされる

料亭
この品質のフグなら、
あの料亭によさそうだな

振り返れば、大阪堂島のコメ市場も、そうだったのではないか。江戸時代には、日本中のコメが大阪の堂島に集められていた。なぜ、こんなことが可能になったのか。それはおそらく、顧客から「この品質のコメを、何日までにこれだけ確保したい」という要望に応えようとする「目利き」の商人が大阪にいたからだろう。もちろん、大阪・京都という大消費地に位置していた地の利もある。

それでも、江戸という巨大消費地が後に発達したにも関わらず、いったんは大阪にコメを集積する必要があったというのが面

白い。顧客と提供者（江戸時代なら藩）の利害を調整し、双方にメリットが出るようにする「目利き」の力が、大阪にコメを集積させたのだろう。

平成に入り、廃止されていたコメの商品市場を、大阪に復活させる動きがあった。しかし、一向にコメは集まらず、商品市場としては不活発な状態が続いていた。現場の事情は分からないから推測でしかないが、「市場さえ作ればコメは集まる」という安易な考えが、市場関係者にあったのではないだろうか。

再び大阪にコメを集積させたいのなら、買い手には「うちの市場を通してくれたら、ご要望の品質のコメを、ご要望の量だけ必ず調達してみせます！」と説明し、売り手には「どこに流通させるよりも高値で買ってくれるお客さんを見つけてみせます。だから出荷してください！」と声をかけ、双方のニーズをマッチングさせるための「目利き力」を鍛える必要がある。それが育たない間は、市場としての魅力は、買い手にも売り手にも感じられないだろう。

「この商品のことなら、誰よりも知っている。この商品を求めるお客さんの顔も、この商品を作る生産者の顔も、みんな思い浮かべることができる」という「目利き力」が備われば、買い手と売り手を見事につなぐコーディネーターとして機能することができる。

「目利き」によって成立した市場は、必ずしも高い中間マージンを取れるわけではない。むしろ、どんな流通に流すよりも安いと感じられる料金設定にする必要がある。いわば、鴻海が狙った「スマイルカーブの谷」に位置するのが市場だ。けれど、**スマイルカーブの谷で目利き力を研ぎ澄ましさえすれば、世界中の商品を扱う結節点となり得る。**そうした結節点を形成するのも、重大なイノベーションとなる。

POINT

結節点の場所にさえいれば、物流を牛耳れるとは限らない。「目利き力」を磨き、売り手と買い手の双方に便益を与えることができなければ、結節点を牛耳ることはできない。

TIPS 29

まわりの思考回路の特性を知っておく

一度に一つのことしかできない男性、二つのことができる女性

ある日、新聞を読んでいると、嫁さんから「ねえ、今日、こういうことがあって……」と話しかけられた。しばらく会話して、新聞に戻った。ええと、どこの記事だったかな。ああ、これこれ。話の筋が分からなくなったな。最初から読み直すか。

「ねえ、こんな面白いことがあったんだけど……」とまた話しかけられた。ふんふん、と話を聞いたあと、新聞記事を読み返そうとするが、またもや何の話だったか分からなくなったので、もう一度最初から読み返すことに。

「あ、あれ見て!」――もうこらえられなくなって、「新聞を読んでる途中で話しかけられると、そのつど記事を最初から読み返さなくちゃいけなくなるから、ページをめくるタ

イミングで話しかけてほしい」と頼んだら、嫁さんはキョトンとしている。「読んでたところから読み直せばいいじゃん」。

私は、「え?」と思った。これはちょっと興味深い。じっくり話をしてみると、嫁さんは新聞を読んでいる最中に話しかけられても、記事の途中から読み返せば十分理解できるという。私はと言えば、読んでいる途中で話しかけられると、内容が全部吹き飛んで、最初から読み返さないと分からなくなる。

嫁さんは、「ああ、だからOL時代に『しゃべってないで手を動かせ』って男性の上司が叱っていたのか。女性同士で、『しゃべっていても手は動いているのにねえ』と笑っていたんだけどね」と思い出し笑いをした。私は私で、「それで女性は、仕事をしている最中でも突然用件を切り出すのか」と納得した。

一般的に、男性は一度に一つのことしか考えられない人が多いと言われる。他方、女性は途中で「一時停止」して別事に取り組み、その後「再生」して仕事に復帰することもで

思考回路にはバラエティーがある
一つのことにのめり込み、集中力は高いが、同時に複数のことをするのが苦手。
同時に複数の業務をこなし、あっちに配慮しながら、こっちにも配慮できる器用さがある。
直列回路タイプ
並列回路タイプ

きるし、なんなら同時に二つ（電話応対とパソコン入力）の業務をこなせる人が結構多いと言われる。

私は単線の直列回路で、嫁さんは並列回路。これは男女逆もあるそうなので、個人差が大きいものの、思考回路にバラエティーがあることは、頭に入れておいたほうがよい。単線の直列回路型の人は、一つのことにのめり込み、集中力は高いが、同時に複数のことに配慮するのが苦手。他方、並列回路の人は、同時に複数の業務をこなし、あっちに配慮しながら、こっちにも配慮できる器用さがある。

この**思考回路の〝違い〟を頭に入れておくと、職場の効率は大きく向上する。**単線直列型の人に突然話しかけて用件を切り出すと、のめり込んでいた業務内容がすべて吹っ飛ぶ上に、何の用件を話されているのかもついていけず、ひどく効率が悪くなる。その場合には、「ちょっといいですか」と声をかけてひと呼吸待ち、本人が思考にひと区切り入れたのを確かめてから、用件を切り出したほうがよい。すると、それまでの業務をムダにせず、用件を理解するのもスムーズになる。

並列処理型の人は、電話しながらパソコン入力も可能なので、「おしゃべりしていないで手を動かしなさい」という注意は意味がない。業務をこなしつつ、他にも目配りできるのだから、「おしゃべりを楽しみながら業務をこなす」ほうが気持ちを明るく保ち、効率を上げる効果がある。

「なぜかが分からないと先に進めない人」と「役立つことが分からないと先に進めない人」

思考回路の違いは、塾で子どもを指導していた頃から感じていた。数学の成績がひどい二人の中学生がいて、一人は工業高校に、一人は普通高校に進学した。すると、工業高校の子は塾をやめたあとも時折、「先生、見て！」と100点の答案を持参するようになった。他方、普通高校の子は進学後も塾に通い続けていたのに、「サイン、コサインって、なんじゃあ？　なんで、こんなこと覚えなあかんのじゃあ！」と文句ばかりで、成績が一向に振るわなかった。

工業高校の子に、どうして数学で100点を取れるようになったのか、なんで塾に通っていたときにその成績を取れなかったのか、聞いてみた。すると、「座標のX軸、Y軸ってなんのことだかさっぱりだった。けれど、金属板に穴を開けるのに右に何cm、奥に何cmっていう位置決めは座標そのものだし、歯車を回転させると棒が何cm飛び出るといった計算に、サインとかコサインが役に立つのが分かった。現実に役立つと分かったら、数学が俄然面白くなった」と答えてくれた。それを聞いた普通高校の子は、「いいなあ、俺も工業高校に行けばよかった」と残念がっていた。

子どもに限らず、大人でも「なぜかが分からないと先に進めない人」と「役立つことが分からないと先に進めない人」の違いがあるらしい。右の例は、どちらの子も「役立つことが分からないと先に進めない人」だった。普通高校では理屈ばかりで、何の役に立つのか全然教えてくれない。工業高校は実践的で、数学が何の技術に直結して役立つのかが分かりやすいので、納得が得られ、やる気も出たようだ。

「なぜかが分からないと先に進めない人」には、理屈やメカニズムを丁寧に教える指導のほうが納得しやすく、内容を習得しやすい。「役立つことが分からないと先に進めない人」には、理屈やメカニズムはあと回しにして、何に使えて役立つのかを先に

タイプによって教え方を使い分ける

説明したほうが内容を習得しやすい。

指導方法が逆になると、「分からない」「納得いかない」「やる気が出ない」となってしまう。「なぜかが分からないと先に進めない人」は、実用性を軽視しているわけではない。しかし、まず理屈やメカニズムを納得できないと、役に立つような使い方を工夫する気が起きないという性質がある。メカニズムさえきちんと理解すれば、工夫して使い道を創造することさえできる。

一方、「役立つことが分からないと先に進めない人」も、理屈やメカニズムを軽視しているわけではない。しかし、まず役に立つツール（道具）であることを納得できないと、理屈やメカニズムも見当がつかないという性質がある。役立つことさえ納得いけば、意外とメカニズムを推測する能力に優れている。

「なぜかが分からないと先に進めない人」は、使い方や役立て方を他人から教えられるのが嫌い。「そんなのは自分で考えるから、理屈のほうを教えてくれ」というタイプ。「役立つことが分からないと先に進めない人」は、理屈やメカニズムを他人から教えられるのが嫌い。「そんなのは自分で考えるから、まずは役立て方を教えてくれ」というタイプ。人から教えてほしいことと、教えてもらいたくないことが、ちょうど正反対になっている。

自分が一方のタイプだと、別のタイプの人間を理解しづらい。「こんなに理屈を説明しているのに、なんで分からないんだ。理解力がないからに違いない」とバカにしたり、「こんなに便利なツールなのに、なんで使いこなせないんだ。不器用な奴だ」と決めつけたりする。しかし、どちらも誤解だ。

どちらのタイプであるかを見極め、適切な接し方に気をつければ、「こいつに理屈を説明してもムダだ」と思っていた人が、説明もないのにメカニズムを正しく推測する高い能力の持ち主であることに驚かされたり、「不器用な奴だ」と思っていた人が、創意工夫して新しい道具を開発する能力があることに驚かされたりするだろう。

もし誰かを指導することになったら、まず自分がどちらのタイプであるか自己診断したほうがよい。その上で、自分とは異なるタイプの人間をどう指導したらよいか、腕を磨くべき。そうでないと、自分と異なるタイプの人は、適切な指導を受けられず、能力も発揮できないまま、という不幸な目にあう。

日本の数学者、吉田耕作氏は、工学者の説明が具体的過ぎて分かりにくいので、もっと抽象的に話してほしい、とお願いしたというエピソードが残されている。「役立つことが分からないと先に進めない人」からすれば、なんとも不思議に感じるかもしれないが、理解様式は、このように人によって様々だ。

こうした、人の特性を考慮したものづくり、サービスの提供は、イノベーションの一形態になり得るだろう。なにせ、そういったものづくりやサービスは、まだ十分とは言えないのだから。また、社内のマネジメントでも、こうしたことを配慮して行うと、これまで以上にパフォーマンスを向上させたチームを形成することができるだろう。スタッフの理解様式に合わせた指導の仕方を工夫するのもまた、イノベーションの一つだと言える。

POINT

人間は、得意不得意がまったく逆ということがままある。上司は、自分と同じタイプしか活かせないようではいけない。部下の様々な特徴を活かし切ることで、イノベーションをうまく発動できる職場環境を整える必要がある。

TIPS 30

集団を動かす陰圧のデザイン

微生物に学ぶ集団を動かすコツ

1対1でも人を動かすのは難しいのに、集団を率いるとなると、もっと難しい。「俺についいて来い！」と引っ張ろうとすると、自分だけポツンと前に出ていたということも…。いったい、どうやって集団を動かせばよいのだろう？

集団をうまく動かせるかどうかは、イノベーションに非常に強く関わってくる。たった一人のアイディアなんか、たかが知れている。たくさんの人たちが考えれば、その人数分だけアイディアが生まれるし、そうした刺激を受けて自分も新しいアイディアを思いつく、という相乗効果も期待できる。

それに、たった一人でよいアイディアを持っていても、協力者がいなければ実現しよう

Q.邪魔な木の切り株がある。
これを微生物の力で取り除くには、どうすればいい？

がない。独り相撲では仕事にならない。いかにたくさんの人たちの能力を、有機的につなげていくかが重要になる。でも、どうやって？

私のところに来る学生に、必ず出すクイズがある。

「邪魔な木の切り株がある。これを微生物の力で取り除いてほしい。どうすればいい？」

木の切り株はなかなか腐らない。微生物の力で分解したいが、どうしたらよいか。「木を分解する力の強い微生物を見つけてきて、それをかければいいですか……？」という回答が、ごく普通に思いつくアイディアだ。

実際、こうしたアプローチの研究は、学会

でもよく発表されていた。木には分解しにくい成分（リグニン）が含まれているので、それを分解するのに優れた微生物（白色腐朽菌など）をかける試みが行われていた。ただ、この方法は試験管内ではうまくいくが、切り株だとうまくいかない。そういった微生物をかけても、土着微生物に駆逐《くちく》されて、3日も経つと消えてなくなってしまうからだ。

ところが、面白い方法がある。切り株の周りに肥料を撒《ま》くだけ。すると、数ヶ月で切り株はボロボロに腐る。土着微生物が切り株を分解するようになるからだ。なぜ、そんなことが起きるのだろう？

切り株の周りに撒いた肥料には、炭素以外の養分がたっぷり含まれている。土着微生物からすると、「あとは炭素さえ手に入ればパラダイスなのに……」とばかりに、炭素欠乏症に陥る。そこで、炭素の塊である切り株が注目される。「ボク、木を分解するのが得意です」という土着微生物が現れ、みんなのために切り株から炭素を切り出し始め、代わりに他の微生物は炭素以外の養分をその微生物に運んでやる。こうして、土着微生物の生態系全体が切り株を分解する方向に動き、切り株はボロボロになるというわけだ。

A. 切り株の周りに肥料を撒くだけ

土着微生物の生態系全体が
切り株を分解しようとする

この方法は、石油タンカーが座礁《ざしょう》し、岩礁に石油がベットリ付着したときにも用いられる。石油には炭素が大量に含まれているが、その他の養分はほとんど含まれていない。そこで、炭素以外の養分を豊富に含む肥料を振りかけてやると、海水中の微生物が石油をごはん、肥料をおかずにして食べるように分解する。

群集は虚に向かって動き出す

これまでは、科学でも社会学でも「プラスα」で解決を試みることが多かった。何か問題が起これば、「スーパー○○」といった優れものを見つけて解決してもらおう、という発想が常識的だった。

だが、そういう解決手段はたいていモグラ叩きだ。たとえば抗生物質で病原菌を叩こうとしても、すぐに耐性菌が出現し、新しい抗生物質を開発しなければならないハメに陥る。そんなイタチゴッコが繰り返されている。人を意のままに動かそうとして怒鳴ったりクビをちらつかせたりでは、一時的にはうまくいっても、長期的には破綻することが多い。

切り株の事例は、人間にも通じる。兵法書として有名な『孫子』に、「囲師必闕《いしひっけつ》」という兵法が説かれている。これは、城攻めで包囲網を築くとき、必ず一箇所を手薄にする、というもの。もし包囲網を完全にし、逃げ道を防いでしまうと、城にこもる人間は「逃げられないのなら、最後まで戦ってやる！」と覚悟を決めてしまう。すると、どれだけ攻めても城はなかなか落ちない。

けれど、包囲網の一部を手薄にしておくと、城兵は「あそこから逃げられるかも」と思い、徹底抗戦する意欲を失う。そして、夜陰《やいん》に乗じてその隙間から逃げ出す。あとは、空になっ

集団を動かす陰圧のデザイン

あえて敵の逃げ道を作り、
逃げやすくすることで、
戦わずして勝つことが
可能になる
囲師必闕
孫子

た城を手に入れればよい。「千丈の堤《つつみ》も蟻《あり》の一穴から」と言う。水を満々と貯めたダムに、アリが通るような小さな穴が一つでも開くと、そこから水が噴出し、やがて決壊してしまう。切り株の微生物も、城にこもる兵も、この様子と似た動きに見えないだろうか。

微生物は、「炭素欠乏」という「虚《きょ》」を埋めようとして切り株になだれ込む。城にこもる兵は、包囲網の隙間という「虚」をめがけて逃げ出す。ダムにたまった水は、アリの開けた穴という「虚」に向かって噴き出す。人も微生物も水分子も、群集は「虚」に向かって動き出す性質を備えている。

水に「四角くなれ」「丸くなれ」と命じても、殴ったり蹴ったりしても、決して思い通りにはなってくれない。水を思い通りの形にしたければ、その形の「虚」を用意してやればよい。空っぽの四角い器や丸い器。すると水は、その器の「虚」を埋めるように、形を自在に変えるだろう。

集団を動かすには、「虚」のデザインが重要だ。そのデザインが巧みであれば、「虚」の中に放り込まれた人々は、「虚」を埋めようと自発的に動き出す。切り株の例や囲師必闕のような手法を、筆者は「選択陰圧」と呼んでいる。**これまでの問題解決の手段はプラスα、つまり「陽圧」が多かったが、集団を動かすにはむしろ「陰圧」をデザインすることがふさわしい。**その陰圧をうまくデザイン（選択）すれば、集団の構成員は自発的に虚を埋めるように活動する。

POINT

集団は、命令という「陽圧」よりも、「こっちのほうが楽しそう」という「陰圧」のほうに惹《ひ》かれる。

TIPS 31

構造的権力で創意工夫を促す

人は制限の中に無限の自由を見出す

集団を制御する方法をもう一つ紹介しよう。これは国際経済学の大家、スーザン・ストレンジ氏の主張した二つの「権力」の形を説明すると、分かりやすいだろう。ストレンジ著『国家の退場』によると、権力には関係性権力と構造的権力の二つがあるという。関係性権力とは、たとえば強面《こわもて》のボスが恐怖で手下たちを支配するやり方。これは強力ではあるけれども、恐怖で支配できる人数には限りがある。あまり大きな集団にはなり得ない。

ところが、もう一つの**構造的権力では、無数の人間を自発的に従わせることができる**という。分かりやすい例では、法律だ。「法律に違反しないように生活したら、給料ももらえますし、家で安楽に暮らすこともできますよ。法律に違反すれば牢屋に入り、自由を失いますよ。さて、あなたはどうしますか？」というように、決して命じはしない。どうす

制限の中に無限の自由を見出す

るかは選ばせる。しかし面白いことに、ほとんどの人が自発的に法律を守り、社会生活を送るようになる。そう、自発的に。

「法律」を例にすると、ちょっとネガティブなイメージを持つ人もいるかもしれないから、もう一つの事例を――サッカーだ。サッカーはスポーツの中でも珍しく、「手を使ってはいけない」という不自由極まりない競技だ。その不自由なルールに、参加者は嬉々として従う。手よりも不器用な足でボールを転がすという課題を、むしろ面白がって取り組む。ルールに自主的に従い、他のスポーツには見られないような足技を次々に編み出し、刺激的なスポーツへと創造力を膨らませている。

人間は「ルール」や「法律」に対し、ネガティブなイメージを持つことが多いが、その**制限の中に自由があれば、創意工夫を始めるという面白い性質を持っている**らしい。もし、「ボールはそう蹴るんじゃない！　こうだ！」と、一挙手一投足に至るまで事細かに指示が飛ぶ不自由さに縛られていたら、参加者はみな逃げ出すだろう。

しかし、ルールや法律といった制限の中に、無限の自由（足でボールを蹴る分には、いろんな工夫の余地がある）が確保されているなら、むしろ制限を課されていることのほうが楽しくなる。俳句が五・七・五に制限されているからこそ、面白いように。

グーグルに学ぶ組織的イノベーション

アップルとグーグルを比較してみると、興味深い。アップルはiTunesやiPhoneを開発し、グーグルよりも先行してIT世界を先導してきた存在だ。スティーブ・ジョブズ氏という天才的経営者によるところが大きいだろうが、彼が亡くなって以降、残されたものを磨き上げることは行われていても、画期的なサービスや商品が今ひとつ出ていない。一人の天才に依存した組織体制になっていたのかもしれない。

もし私がアップルの社員だとしたら、神格化されてしまったジョブズ氏の業績を凌駕するような開発は、むしろ信仰を汚す行為として排除されるのでは、と恐れてしまうかもしれない。そう思ってしまうほど、彼の存在は大き過ぎる。アップルは、ジョブズ氏による「個人的イノベーション」だったと言えるだろう。彼がいなくなった今、アップルが今後もイノベーションを起こし続ける企業でいられるかどうかは、正直不安がある。

他方、グーグルは創業者が誰なのか、私のようにピンと来ない人も多いだろう。ジョブズ氏ほどの圧倒的な英雄の姿が、グーグルでは見えにくい。それでも、世界で敵なしの圧倒的な力を持つ検索技術と、地球をくまなく網羅するグーグルマップ、無料で使えるワープロソフトや表計算ソフト、いち早く開発に乗り出したクルマの自動運転システム、後進にも関わらず圧倒的なシェアを握ったスマホ用ＯＳ、ともかく画期的なサービスが目白押

心理的安全性の担保によりアイディアを促す

した。「次は何をやるのか?」と注目を集め続ける企業となっている。

グーグルは社員めいめいがアイディアを出し、イノベーションを起こす「組織的イノベーション」と言えるだろう。そこに参加する人間が、それぞれイノベーションを起こすことができる「器（虚）」が用意されている。

最近、グーグルのマネジメント手法として、「心理的安全性の担保」が注目されている。心理的安全性とは、チームの中で思ったことを発言したり、ありのままの自分をさらけ出したりしても、職場での人間関係を損なわないと感じられることだという。

グーグルは、自由な発想を述べてよい、という器（虚）を用意し、その「虚」をどう埋めるかは、各人の自発的な行動に任せているのだろう。それによって、組織的イノベーションを可能にしているように思われる。いわば「構造的権力」をうまく活用し、自発的に創造性を発揮したくなるように仕向けているのだろう。

筆者は、「構造的権力」を微生物群集の制御に応用し、「構造的選択圧」という手法で、人間にとって都合のよい性質を引き出している。「選択陰圧」にしろ「構造的選択圧」にしろ、微生物も人間も、はたまた水分子でさえも、「虚」を埋めようとして自発的に形を変えるという意味では、群集は同じような動きをするものだと言ってよいのかもしれない。

もし、会社を創造的な集団へと変貌させたいなら、「虚」をデザインすることだ。**創造的な仕事に取り組めば取り組むほど楽しくなるような職場を設計できれば、イノベーションは自発的に進むだろう。**「イノベーションを達成せよ！」などと命令しなくても、社員は自ら創造的に動き出すはずだ。

POINT

上司が「働きかける」という「プラスα」より、社員が「働きかけずにいられない」という「マイナスα」（虚）をデザインする。すると、集団を動かすことが容易になる。ルールという「器」（構造）を用意すると、その「虚」を埋めるように集団は動く。虚を埋める際の動きが創造的行為になるよう、うまくデザインすることが大切だ。

TIPS 32

「期待しない・驚く・面白がる」で人を動かす

創造性を促す姿勢

ここでは、イノベーションを促す姿勢、阻害する姿勢を、ザックリと指摘しておきたい。**イノベーションを促すには、「期待しないこと・驚くこと・面白がること」だ。**ああしてくれたらいいのに、こうしてくれたらいいのにと〝期待〟すると、その期待に反した行動を取られたときに、ガッカリする。ガッカリした気持ちは、見事に相手に伝わる。すると、相手は「これでも頑張ったのに……」と不満に思う。創造的な意欲を奪ってしまう。

だから、期待しない。期待しないと言っても、「あなたには期待しない」なんてやる気を削ぐような余計なことを言ってはいけない。ただ、人間はこちらが期待するようには動いてくれないものだ、と考えておけばそれでよい。

創造性を働きかける姿勢

この工夫には
驚いた！
面白いねえ！
こんなのは
見たことがない！

すると、（期待していないのに）たまに希望に沿う行動が現れることがある。それは、挨拶してくれたでもいいし、お茶を入れてくれたでもいい。それに素直に驚くと不思議なもので、人間は「この程度で驚いてくれるなら、もっと驚かせてやろう」と思うようになる。

何かしらの工夫をしたときに、「この工夫には驚いた！」「面白いねえ！　こんなのは見たことがない！」などと反応すると、ますます斬新な工夫を重ねて、驚かせようとしたくなり、自然と創造性が増していく。

集団を創造的に動かしたいなら、「期待しないこと・驚くこと・面白がること」が大

創造性を阻害する姿勢

オレはこの資料を
たった10分で
用意したぞ

切な基本姿勢と言えるだろう。

期待されるとやる気を失う

他方、イノベーションを阻害するマネジメントは、その逆となる。こういう結果を出してほしいと「期待」すると、その気持ちを忖度《そんたく》して、期待した通りの結果しか出なくなる。予想の上を行くことはまずなくなる。

あなたが上司なら、部下と能力で張り合うのはムダな行為だ。部下が提案したアイディアに対し、「その程度のことは俺も考えた」なんて言うのは、意気を削《そ》ぐだけで何の役にも立たない。もし部下と張り合う心理が見え隠れしたら、部下はあなたよりも能力が低いように振る舞い、にらまれないよう行動するようになる。上司の下手なゴルフに付き合うときと同じように、決して巧者に見えないようにする。

あれこれ細かいことを命令するのも、創造を阻害する。部下にとって、自分の生殺与奪《せいさつよだつ》を握っている上司の言葉は大変重い。だから、上司の命令には敏感に反応し、容易に萎縮する。萎縮した心では、創造的な仕事は不可能だ。このあたりの話になると現場でのマネジメントの部類になってくるから、本書では深く立ち入らない（興味のある方は、拙著『自分の頭で考えて動く部下の育て方』を参照いただきたい）。

期待されると、それに沿うこと自体が苦痛になり、興味を失う。それでも期待通りに動かなければならないなら、期待以上のことはしないようになる。これは部下と上司の関係だけでなく、親子関係、つまり子育てにも、夫婦関係にも通じるように思う。「期待する」とは、相手をこちらの思い通りに行動させよう、コントロールしようという欲望の表れでもある。そんなくびきをはめられたら、誰でもやる気を失ってしまう。

それよりは、**ちょっとしたことでも面白がろう、驚こう。**人間は「驚かせたがり」だ。「次はもっと工夫して、驚かせてやろう」とワクワクする生き物だ。人間に備わる自然な感情を刺激して、さらなる工夫を促してほしい。そうすれば、「期待」というノルマめいたしんどいもので動きを悪くされることなく、「もっと工夫して、もっと驚かそう」という楽しげな動機で、ますますイノベーションにのめり込むようになるだろう。

POINT

イノベーションには、のびのびとした気持ちが大切。部下の気持ちを萎縮させるような振る舞いはご法度。驚き、面白がることで発想を促す。驚くためにも、「期待しない」こと。「期待しない」から驚き、面白がれる。だから、期待以上の成果が出てくる。

TIPS 33

若者のイノベーションを促す方法

いつのまにか自慢話になっていないか？

私はよく、学生さんとファミレスで深夜まで話し込むことが多かった。夜中の12時を過ぎると、さすがに私の話も聞き飽きただろうと思い、学生さんがトイレに入ったタイミングで帰る準備を済ませていたら、フリードリンクをおかわりして戻ってきた学生さんに「さあ、話の続きを」なんて言われて夜中の3時まで話し込む、という感じだ。

なぜ若い人は私の話を聞きたがるのだろう、と不思議に思っていたが、ある時期から当然と思うようになった。すると皮肉なもので、当然視したとたんに学生さんが話を聞いてくれなくなった。むしろ、早く話が終わらないかな、とソワソワされるようになった。私の話にうなずくどころか、首をかしげて「そうでしょうか？」と口答えされるようになった。

若い人が聞きたいのはヒントになる話

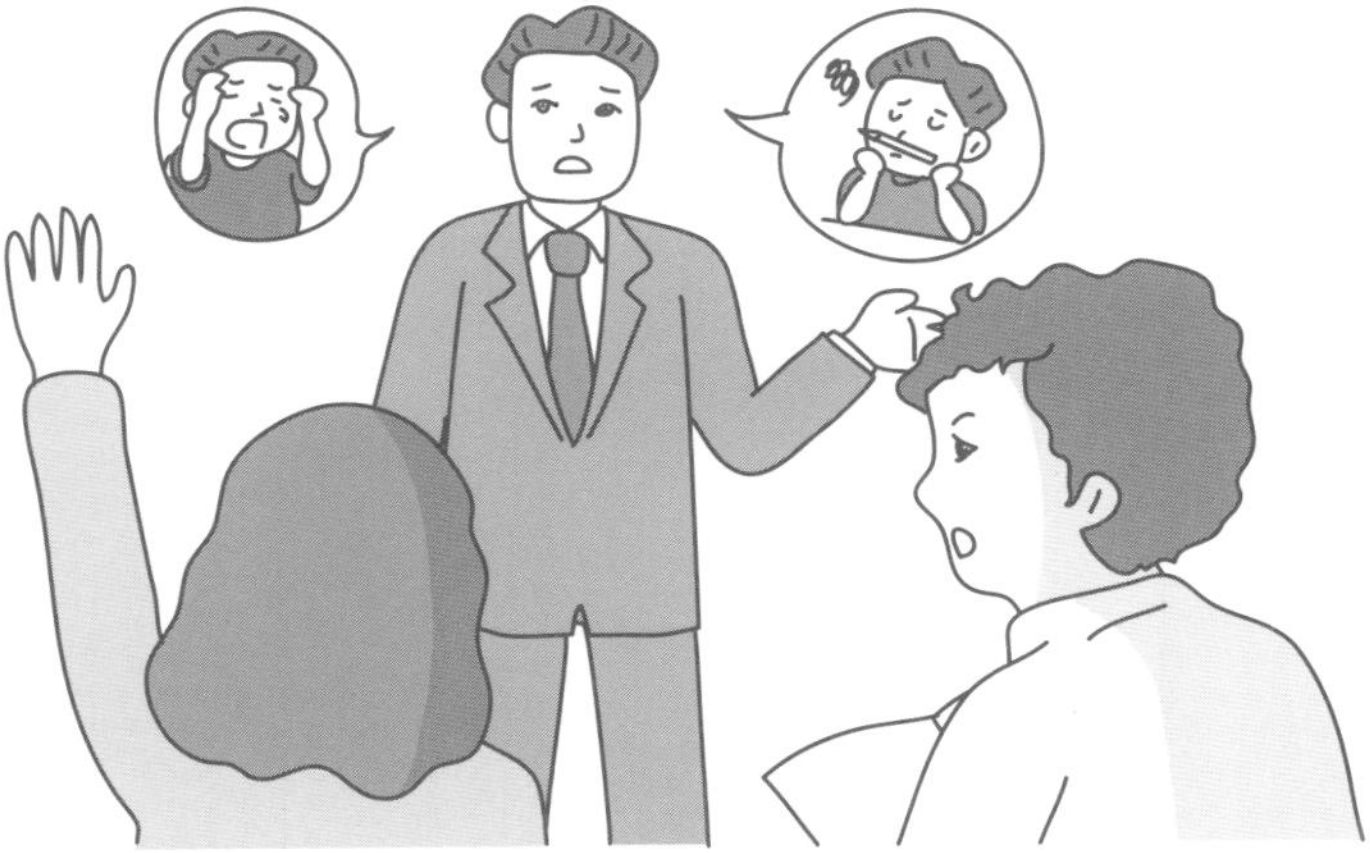

ずいぶん偉そうな口を叩くじゃないか、と思っていたら、他の学生さんも私の話を聞かなくなってきた。ということは、どうやら学生さんが変わったのではなく、私が変質してしまったらしい。どこが変わったのだろう、と考えてみて気がついた。「自分の話したいことを話していた。早い話、自慢話ばかりしていた」と。

逆に、彼らが眠い目をこすってでも、私の話を聞きたがっていたときは、相手が聞きたそうなことを話していた。自分が学生だった頃、どんな不安や苦悩を抱いていたか。同じ苦しみがあるのではないか。だとしたら、こんな話が参考になるだろうか、と若い人の関心に寄り添うように話していたとき、学生さんは身を乗り出して話を聞いてくれた。そう思い直し、彼らの反応を見ながら試行錯誤して、若い人が悩んでいそうな話題を心がけたら、また夜中まで話を聞きたがるようになった。

ヒントになる説教は聞きたい

どうも人間（特に男性）、年を食うと説教したくなるものらしい。年齢に応じて知識も経験も増えてくると、それらが欠落した若者が愚かに見えてくる。だから親切面して教えてあげたくなるのかもしれない。

しかしながら、「教える」という行為は、基本的に「劣化コピー」しか生み出せない教育法だ。どれだけ鮮明でキレイな写真も、コピーの上にコピーを重ねると、どんどん画質が悪くなっていく。教えてもらった側は、言葉の上っ面を理解するだけで経験が欠落しているから、余計に知識が劣化しやすい。そうなると年配者はまた教えたくなって、うるさがられる。

若い人が聞きたくない話

オレの若い頃は我慢
いつもそうしてたもんだ

昔と違って、若い人は年配者のお説教を聞きたがらない、とよく言われる。特に私のような団塊ジュニアの人間は、お説教を嫌った世代だ。そのせいか、年配者の方も若い人に遠慮して、お説教する場面が減った。

だが、今の若い人は年配者の話を聞きたがっている。事実、何時間も「お説教」を聞き続ける若い人の姿を私はよく見ている。**若者が嫌いなのは、お説教というより自慢話だ。**年配者は自分の知識や経験を「どうだ、すごいだろう」とひけらかし、驚いてほしいと願っている。それが若い人にはわずらわしいのだろう。だから、「すごいですね。でも、私には関係ありません」となってしまう。

では、若い人が好むお説教とは、どんなものか。それは、「ヒント」だ。若い人は知識も経験も少ない。だから未来に対して大きな不安を抱いている。その不安をどうしたら克服できるのか、何かヒントがほしいと願っている。年配者のお説教が「もし何かヒントになれば」と願ってのものなら、若い人は身を乗り出して聞いてくれる。

しかし同じ内容でも、自慢話風だと違う。「俺はこんな艱難辛苦《かんなんしんく》を乗り越えて、今の地位を築いた。どうだ、すごいだろう」という話は、不安でいっぱいの若者にはどうでもよい話に聞こえる。若い人は聞く耳を持たなくなり、年配者であるあなたは若い人から何の情報も引き出せなくなる。あまりにもったいない。

等身大の自分をさらけ出して話そう

おすすめは強がりを捨て、「自分も不安でいっぱいだった」と等身大の自分をさらけ出す話し方だ。何が正解か分からない、あっちの道に進んだほうがよいのでないか、こっちの道を進むと後悔するのではないか。そんな迷いの中にいる若い人に、自分も大いに不安になり、どうしたらよいか分からなかった、と気持ちを共有する語り口だと、若者は「この人は分かってくれる」と感じる。

共感が持てると、話を聞こうという姿勢になる。その上で、「迷いながらも情報をかき集めた」という経験を伝え、限られた情報から仮説を立て、思い切って試行錯誤を繰り返した話をする。

その後、「君は、今置かれた条件で、何か気づいたことはないかな?」と尋ねてみる。質問することで、若者が置かれている状況をあぶり出し、情報をかき集める。「なるほど、それらの条件があるとすれば、君の置かれた状況はどういうことだと思う?」と、推論を立てさせる。「だとしたら、君はどうしたらいいと思う?」と、挑戦する方法(仮説)を考えさせる。「それが正解かどうかは私にも分からない。でも、話を聞いていると、たぶん君が考えた通りだろう。思い切ってやってごらん」と背中を押すと、質問によって促されたとはいえ、自分で考え導いた答えなので納得感がある。こうして、若い人は自らチャレンジしようという勇気が持てる。

あらためてまとめると、次のようになる。

年配者であるあなたが、若い頃は迷いの中にあったこと、なんなら、今もなお悩みは尽きないと告白し、若い人と同じであることを伝え、心を通わせること。

若い人の悩みに近い、自分の体験談を話し、観察して情報をかき集めることの重要性、正解は分からないけれども仮説を立ててみることの重要性、そして仮説に基づいた挑戦をしてみることの大事さを説くこと。

あらためて若い人の悩みに焦点を当て、「君の置かれている状況はどんなもの?」「それらの情報を総合すると、どういうことになるの?」「そういう状況だとすれば、君はどうしたらいいと思う?」と、問いを発することで若者の思考を刺激し、仮説を立てるのを助け、挑戦することを勇気づけること。

こうした方法は、年を食えばこそできることだ。たくさんの経験をしてきた年配者が、若い人の思考に寄り添い、伴走し、背中を押してくれることは、若い人にとって何よりのアシストになる。あなたがこうした接し方をしたら、若者は未知の世界に踏み入れる勇気を持って一歩踏み出すようになるだろう。

年配者の正しいトリセツ

それは一緒に考えよう
じつはこんなことで迷っているんです

逆にもし、あなたが若者であるなら年配者の話を黙って聞かないほうがよい。黙っていられると、あなたが何に興味を持っているのか見当がつかないので、年寄りはついつい自慢話をしてしまう。けれども、あなたの側から「じつはこんなことで迷っているんです」と相談し、質問すれば、意外に高確率で一緒に悩んでくれる。

「もし私の立場なら、どうするとよいと思います?」と尋ねると、**あなたの実力も考慮に入れた上で、できそうな方法を一緒に考えてくれる。**年寄りは相談されるのが大好きだ。相談されると、かなり親身になってくれる。自慢話で一時的な快を得るよりも、誰かの役に立てることのほうが、はるかに嬉しいからだ。

悩みや迷いを相談したときに、「もし自分と同じ立場だったら」と親身になって考えてくれる年配者を、何人か見つけておくとよい。数多くの経験や知識によって、あなたのアイディアはさらにブラッシュアップすることができるだろう。

POINT

年を食えば、若者がどんなことで悩んでいそうか、見当がつくはず。そこで自慢話をするのではなく、悩んで気が弱くなった経験談をしてあげてほしい。それが若者の心をほぐし、勇気づけ、アイディアを考えるゆとりを生む。

おわりに

本書は、「ひらめかない人のためのイノベーション」を可能にする、教科書的なものを提供できないか、と企図して書いてみたものだ。ただ、じつを言うと、最初の企画はビジネスパーソン向けの哲学紹介の本だったのだが、「哲学は売れない」という理由から、ボツになった……。

昔、『ソフィーの世界』という本が哲学系では珍しくベストセラーになった。とても分かりやすかった反面、無難な解説だったのが私は少々不満だった。哲学を私なりにまとめてみたいと願っていたので、ボツになったのはちと残念。本書を読まれた方は、哲学がビジネスに直結することを実感してもらえたことと思う。またいつか機会があったら、と思っている。

さてさて、本書はイノベーションについて色々述べた本なわけだが、そもそも「新しいものって、本当に必要なのかな」という思いもある。研究者である私は、世の中に今までなかったものを作り出したり、発見したりすることを仕事にしている。しかし、別に新しいものなんか生み出さなくても、世の中は今まさにあるものだけで回っている。新しいものを生み出すことは、「余計なもの」を生み出すだけなのかもしれない。

だから私は、研究者である自分のことを「社会のダニのようなもの」と自嘲《じちょう》することがある。社会が健全に回ってくれているから、その血を一部吸わせていただき生きている。そのダニが生み出すものはたいていムダだし、たまに役立つにしても、なんならなくても一向に構わないもの、それが研究者の仕事なのかもしれない。

それでもなお、人間は残念なことに、新しいもの好きな生き物のようだ。テレビ番組『世界一受けたい授業』での、ある先生（どなたか失念してしまったが）の次の言葉を今も印象深く憶えている。

「人間は不自然なものが大好きだ」

そのフレーズを最初に聞いたとき、私は反発した。ルソーだって「自然に帰れ」って言ったじゃないか。自然は大切、自然を守ることも大切。たくさんの人が、「自然っていいね」と言っている。なのに、「人間は不自然なものが好きな生き物である」だなんて！　私はいくらでも反論したくなった。

だが、考えれば考えるほど、どうやらその通りかもしれない、と思うようになった。確かに、人間は自然から離れては生きられないし、自然をベースとして生きていくしかない生き物だ。だがその上で、人間はどうやら、不自然なものが好きらしい。

「好奇心」という言葉の字面を見れば分かるように、不自然で奇抜なものに、人間は心を奪われる。今まであるものに飽き足らず、何かしら新しいものを求める。流行が生み出されるのも、新商品が毎年、毎シーズン生み出されるのも、そのためだろう。

かつて社会主義や共産主義が成立した国では、合理的な生産と消費が求められた。往年の中国では、人民服に象徴されるように、「流行のファッション」のような軽薄でムダで非合理的な生産活動は批判されていた。しかし、人間はどうも新しいもの、奇抜なもの、不自然なものが好きらしい。社会主義や共産主義が崩壊した一因に、好奇心の軽視があっただろう。それを、あれこれ批判しても仕方がない。人間とはそういうものだ、と認めることから出発するしかない。

ただし、人間の面白いところは、新しく奇抜なものが、必ずしも大量消費を前提とした、ムダの多いものだとは限らないということだ。ロハスやスローライフ、スローフードという言葉に新しさを感じ、環境に配慮した生き方を新鮮に思う感性が若者に育っている。私たちの世代は若い頃、ムダに排気量が大きく、ムダに速く高性能なスーパーカーのようなクルマに乗りたがり、ムダに豪華な生活をしたがっていた。それが人間というものであり、人間は物欲のカタマリだからどうしようもないのだ、とさえ諦めていた。

だがどうも、人間はつましい生活さえも楽しんでしまう性質もあるらしい。要するに、過去にはない新しさがあれば、人間は楽しんでしまえる生き物のようだ。そう考えると、つましい生活が当然になったとき、その反動で豪奢《ごうしゃ》な生活に新しさを感じる世代が将来誕生する可能性があるだろうし、さらにその後はまた素朴さに新しさを感じる世代が育つだろう。人間はこうして、波を打つように山あり谷ありを繰り返す生き物なのかもしれない。

ただ、人間はいささか増え過ぎた。そこそこ大型の生物である人類が70億匹もいるなんて、さぞや地球環境には大きな影響を与えているだろう。それが石油を燃やして生きているのだから、薄い大気の膜に影響がないと考えることのほうに無理がある。

人類はこれから、その活動を縮小させていく必要があるだろう。したがって、人類がこれから目指していくべきイノベーションは、「いかに活動を効率よく小さくし、環境への負荷を小さくするか」が求められる。

しかもそのイノベーションは、「新しくて楽しい」という条件を備える必要がある。**新しくなければ人間の好奇心を刺激することはできないし、楽しくなければ続かない。そんなイノベーションをデザインできるかどうかが、これからの人類に問われている。**

「研究者なんかいなくても、今あるものだけで社会は回っている」と右で述べた。だが、研究者が今後必要とされるとすれば、これまでのように「ムダで余計なもの」を新たに生み出すことではなく、「ムダで余計な物質・エネルギーを減らす」技術を生み出すことにあるだろう。プラスαの技術ではなく、マイナスαの技術開発が求められると言ってよい。

人間は考えてみれば、我慢大会のように下らないことでも楽しんでしまえる面白い性質を備える。本書でも述べたが、サッカーのようなわざわざ手を使えないという不自由なルールを設けることを、むしろ楽しむことができる生き物でもある。ならば、マイナスαのイノベーションも、きっと実現することができるだろう。

＊＊＊

筆者が子どもの頃、ロボットや人工知能が発達して、人間が働かなくてもよい社会が実現するというドラマがよく作られていた。人工知能やロボットの発達は目覚ましい。小説やドラマが描いてきた、人間から仕事を奪う時代が、いよいよ近くまで来ているのかもしれない。

一方で、人間理解は筆者の子どもの頃と違ってきているようだ。昭和の時代には、人間は働くのが嫌いな怠け者と捉えられてきた。もし働かずにすむのなら、ずっとダラダラしていたい生き物だと。ところが、人間はどうやら能動的に何かに働きかけ、その反応を楽しむ生き物でもあるらしい。ただ、食っちゃ寝していれば楽しい、というわけではない。能動的に動き、今まで見たことのない新奇なものと出会いたい、という生き物のようだ。

だとすれば、本書の読み方も変えなければならないかもしれない。「職場が求めるから仕方なくイノベーションに取り組む」という理由から、本書を読もうとする人がいるかもしれないけれど、遠い将来、「イノベーションという楽しいゲームを、さらに楽しむためのゲームブック」として捉えてもらったほうがよいかもしれない。

私は、仕事として研究に従事し、仕事としてイノベーションを行っている。だが、日常で〝実験〟を楽しんでもいる。嫁さんと料理について話し合い、新しい実験を思いついたり、子どもに対して「こういうインプットを与えたら、どんなアウトプットが飛び出すのだろう？」と、赤ん坊の頃から〝実験〟を繰り返してきた。何かしら、能動的に試してみて、想定外の結果が出るという体験は、仕事でなくても十分楽しいように思う。

農業が楽しいのも、そのためだろう。去年とは違う工夫をしてみて、今年はどうなるか。何年工夫を繰り返しても、その結果は毎年まちまちで面白い。しかも生き物相手だから、成長する過程そのものが興味深い。80歳を超した高齢者でも、毎日せっせと畑に行きたくなるのは、生き物の成長する姿を毎日見届けることができるからだろう。

カフェをやっている知人が、すごく楽しそうに話してくれたことがある。「ラジオで自殺率の高い職業の話をしていたの。そしたら、逆に自殺率の低い職業の話も出てきて。一番自殺率が低い職業は何だと思う？　農業研究者だって！」と大笑いされた。そうかもしれない。生き物を相手にする仕事で、毎日成長を見届けることができる。そして、常に新しいことに挑戦し、意外な結果が出ることに驚き、面白がる。こんな楽しい仕事に従事できるのは、じつに幸運なことだと思う。

何かが育つのを見届けること、新しいことを試して、予想を覆す出会いをすること。そんな楽しみを、読者のみなさんにも味わっていただけたら、と思う。

私は、嫁さんと「これ、どうしたらいいだろう?」と一緒に考えてもらうのを毎日の楽しみにしている。意外なアイディアが飛び出すので、結構楽しい。子どもとの対話でも、新しい発見があって面白い。同僚や学生さんとの対話も、自分とはまったく異なる意見が飛び出すことで、新たな思考の地平を開くことがたびたびあるので大変刺激的だ。イノベーションは、一人で行うものではない。みんなでワイワイガヤガヤ楽しみながら進めればよいものだと思う。

イノベーションが、人類を疲弊させるのではなく、何かを育て、それを楽しむものでありますように。そして、それに取り組む人たちが、その瞬間瞬間を楽しんで生きていけますように。

＊　＊　＊

私は菲才《ひさい》にもかかわらず、研究者として非常に幸運な日々を過ごしたし、現在も続いている。それは、鈍重で不器用な私を辛抱強く見守り、育て、かばい、時に叱り、励ましてくれた指導者の先生方や、職場の上司の方々、同僚、スタッフ、学生の皆さんが支えてくださったからにほかならない。

くじけそうなとき、いつも私には励まし、応援してくれる人が登場してくれた。なんという幸運児だろう、と自分でも思う。それらの幸運がなければ、私は研究を続けてこられなかったし、ささやかながら成果を出すこともできなかったし、ましてやこんな本を書くことなんて思いもよらなかったろう。応援してきてくださったみなさんに、心から感謝を申し上げたい。それと同時に、私が享《う》けることのできたこの幸運が、読者の皆様にも降り注ぐよう、願わずにいられない。

最後に、本書は家族の協力なしには書き上げられなかったことを明記したい。7歳と3歳の子どもが退屈しないようにしながら本書を書き上げるのに、嫁さんの実家に逗留させてもらい、おじいちゃんおばあちゃんたちが子どもたちの遊び相手をしてくれたことがどんなにありがたかったか。

毎朝家族に朝ごはんを作ってくれる私の母の協力も、子どもたちに釣りを教えてくれる弟の協力も、従兄姉との触れ合いを作ってくれたもう一人の弟の存在もありがたい。多忙な中でも私が子どもたちと遊び、その笑顔にたくさん触れられるよう配慮してくれたことも、感謝してもしきれない。

そして何より、こうしたサポートをマネジメントし、私以上の創造性を発揮して常に刺激を与え、常に笑顔で元気づけてくれた嫁さんに深く感謝したい。

2020年1月

篠原 信

篠原 信（しのはら・まこと）

1971年生まれ、大阪府出身。農学博士（京都大学）。農業研究者。中学時代に偏差値52からスタートし、四苦八苦の末、三度目の正直で京都大学に合格。大学入学と同時に塾を主宰。不登校児や学習障害児、非行少年などを積極的に引き受け、およそ100人の子どもたちに向き合う。本職は研究者で、水耕栽培（養液栽培）では不可能とされていた有機質肥料の使用を可能にする栽培技術や、土壌を人工的に創出する技術を開発。世界でも例を見ない技術であることから、「2012年度農林水産研究成果10大トピックス」を受賞。著書に『自分の頭で考えて動く部下の育て方 上司1年生の教科書』（文響社）、『子どもの地頭とやる気が育つおもしろい方法』（朝日新聞出版）があるほか、「JBpress」や「東洋経済オンライン」などに記事を発表している。

ひらめかない人のためのイノベーションの技法

2020年２月５日　初版第１刷発行
2022年４月15日　初版第２刷発行

著　者　篠原信
発行者　小山隆之
発行所　株式会社 実務教育出版
〒163-8671　東京都新宿区新宿1-1-12
電話　03-3355-1812（編集）　03-3355-1951（販売）
振替　00160-0-78270

印刷／壮光舎印刷 株式会社　　製本／東京美術紙工 協業組合

ISBN978-4-7889-0807-9　C0034